U0063960

新　視　野
中華經典文庫

新 視 野
中華經典文庫

韓非子

第二版

名譽主編 饒宗頤

導讀 陳耀南

譯注 張偉保

中華書局

新視野中華經典文庫

韓非子

□
導讀
陳耀南

□
譯注
張偉保

□
出版
中華書局（香港）有限公司
香港北角英皇道 499 號北角工業大廈一樓 B
電話：(852) 2137 2338　傳真：(852) 2713 8202
電子郵件：info@chunghwabook.com.hk
網址：http://www.chunghwabook.com.hk

□
發行
香港聯合書刊物流有限公司
香港新界大埔汀麗路 36 號
中華商務印刷大廈 3 字樓
電話：(852) 2150 2100　傳真：(852) 2407 3062
電子郵件：info@suplogistics.com.hk

□
印刷
深圳中華商務安全印務股份有限公司
深圳市龍崗區平湖鎮萬福工業區

□
版次
2013 年 5 月初版
2020 年 9 月第 2 版第 1 次印刷

□
規格
大 32 開（205 mm × 143 mm）

□
ISBN：978-988-8676-24-8

出版說明

為甚麼要閱讀經典？道理其實很簡單——經典正正是人類智慧的源泉、心靈的故鄉。也正是因此，在社會快速發展、急劇轉型，因而也容易令人躁動不安的年代，人們也就更需要接近經典、閱讀經典、品味經典。隨著中國在世界上的地位不斷提高，影響不斷擴大，國際社會也越來越關注中國，並希望更多地了解中國、了解中國文化。另外，受全球化浪潮的衝擊，各國、各地各區、各民族之間文化的交流、碰撞、融和，也都會空前地引人注目，這其中，中國文化無疑扮演著十分重要的角色。相應地，對於中國經典的閱讀自然也就有不斷擴大的潛在市場，值得重視及開發。

於是也就有了這套立足港臺、面向海外的「新視野中華經典文庫」的編寫與出版。希望通過本文庫的出版，繼續搭建古代經典與現代生活的橋樑，引領讀者摩挲經典，感受經典的魅力，進而提升自身品位，塑造美好人生。

本文庫收錄中國歷代經典名著近六十種，涵蓋哲學、文學、歷史、醫學、宗教等各個領域。編寫原則大致如下：

（一）精選原則。所選著作一定是相關領域最有影響、最具代表性、最值得閱讀的經典作品，包括中國第一部哲學元典、被尊為「群經之首」的《周易》，儒家代表作《論語》《孟子》，道家代表作《老子》《莊子》，最早、最有代表性的兵書《孫子兵法》，最早、最系統完整的醫學典籍《黃帝內經》，大乘佛教和禪宗最重要的經典《金剛經、心經、壇經》，中國第一部詩歌總集《詩經》，第一部紀傳體通史《史記》，第一部編年體通史《資治通鑒》，中國最古老的地理學著作《山海經》，中國古代最著名的遊記《徐霞客遊記》，等等，每一部都是了解中國思想文化不可不知、不可不讀的經典名著。而對於篇幅較大、內容較多的作品，則會精選其中最值得閱讀的篇章。使每一本都能保持適中的篇幅、適中的定價，讓普羅大眾都能買得起、讀得起。

（二）尤重導讀的功能。導讀包括對每一部經典的總體導讀、對所選篇章的分篇（節）導讀，以及對名段、金句的賞析與點評。導讀除介紹相關作品的作者、主要內容等基本情況外，尤強調取用廣闊的「新視野」，將這些經典放在全球範圍內、結合當下社會生活，深入挖掘其內容與思想的普世價值，及對現代社會、現實生活的深刻啟示與借鑒意義。通過這些富有新意的解讀與賞析，真正拉近古代經典與當代社會和當下生活的距離。

（三）通俗易讀的原則。簡明的註釋，直白的譯文，加上深入淺出的導讀與賞析，希望幫助更多的普通讀者讀懂經典，讀懂古人的思想，並能引發更多的思考，獲取更多的知識及更多的生活啟示。

（四）方便實用的原則。關注當下、貼近現實的導讀與賞析，相信有助於讀者「古為今用」、自我提升；卷尾附錄「名句索引」，更有助讀者檢索、重溫及隨時引用。

（五）立體互動，無限延伸。配合文庫的出版，開設專題網站，增加朗讀功能，將文庫進一步延展為有聲讀物，同時增强讀者、作者、出版者之間不受時空限制的自由隨性的交流互動，在使經典閱讀更具立體感、時代感之餘，亦能通過讀編互動，推動經典閱讀的深化與提升。

這些原則可以說都是從讀者的角度考慮並努力貫徹的，希望這一良苦用心最終亦能夠得到讀者的認可、進而達致經典普及的目的。

「弘揚中華文化」是中華書局的創局宗旨，二〇一二年又正值創局一百周年，「承百年基業，傳中華文明」，本局理當更加有所作為。本文庫的出版，既是對百年華誕的紀念與獻禮，也是在弘揚華夏文明之路上「傳承與開創」的標誌之一。

需要特別提到的是，國學大師饒宗頤先生慨然應允擔任本套文庫的名譽主編，除表明先生對本局出版工作的一貫支持外，更顯示先生對倡導經典閱讀、關心文化傳承的一片至誠。在此，我們要向饒公表示由衷的敬佩及誠摯的感謝。

倡導經典閱讀，普及經典文化，永遠都有做不完的工作。期待本文庫的出版，能夠帶給讀者不一樣的感覺。

引言

張偉保

本書是新視野中華書局經典文庫的一種，整體結構自然有一致性，篇幅也有一定限制。韓非的著作原稱《韓子》，自宋代以後，為與一代文宗韓愈作出區別，故改稱《韓非子》。他是先秦法家的集大成者，繼承了李悝、吳起、商鞅、慎到、申不害等主要法家學說，並根據戰國晚年君主專制的中央集權制為背景，提出了一套治國理念，對秦漢以後的政治學說產生深遠的影響。根據學者的分析，《韓非子》並非由韓非親自編訂的。它成書於西漢，整理者可能是文獻學家劉向，共五十五篇。然而，本書的編排有些問題，現在的次序似乎很難理出一個頭緒，讓人難以掌握韓非的理論系統。其中，較為嚴重的是將別人作品〈初見秦第一〉編在全書之首，其內容是主張攻打韓非的母國——韓國，而韓非自己的作品〈存韓第二〉則緊隨其後，而內容則是勸說秦王保存韓國。這種編排自然對我們理解韓非做成不少的障礙。

完成於清末的王先慎的《韓非子集解》（一八九六年初版，二〇一六年中華書局鍾哲校本），是現時《韓非子》最重要的注解本，它在編排上並沒有作出調整。到了抗戰時期，陳啟天撰《韓非子校釋》（一九四〇年初版，一九六九年增訂版），對內容重新編排，「分為十卷，以其最重要者置於前，其不重要或確有可疑者，則置於後」，可算是一次重要的嘗試。但是，由於作者並未清楚交待如何安排次序先後，故其參考價值並不太高。自此以後，陳奇猷的《韓非子新校注》（原稱《韓非子集釋》，一九五八年初版，二〇〇〇年新校注版）、梁啟雄的《韓子淺解》（一九六〇年初版）及周勛初的《韓非子校注》（一九八二年初版，二〇〇八年修訂版）均具相當的代表性，受到學術界高度肯定。最近則以張覺的《韓非子校疏》（二〇一〇年初版）用力最專，將《韓非子》研究推至一個新的臺階。由於以上各種著作均依原書編排為次序，故陳啟天的《韓非子校釋》仍是目前唯一重排本。台灣商務印書館邵增樺的《韓非子今註今譯》依據此書編排並經陳啟天先生校閱，故可視為同一系統。

若要全面把韓非的五十五篇重新分類，將會遇到不少的困難，因為需要首先區分各篇作品的真偽。從前不少知名學者如胡適、梁啟超、容肇祖、陳啟天、梁啟雄、潘重規、周勛初等均曾作出探究，但直到目前學者們仍沒有達致共識。本書限於篇幅，只能收錄《韓非子》的二十一篇代表作品。幸好這些篇章一般被認為是韓非本人論著，故著作權方面不致產生很大的問題。

本書雖屬於選本，但其編排的次序與以往同類書稿均有所不同。它是根據韓非的學說擬定的，期望更能顯出韓非思想的內在理路，並與陳耀南教授的〈導論〉互相配合。這批作品的內容主要可分為三大部分：一、統治理論篇；二、臣民關係篇；三、智者哀歌。第一部分包括〈大體〉、〈主道〉、〈揚權〉、〈觀行〉、〈三守〉、〈南面〉、〈難勢〉、〈定法〉、〈功名〉、〈亡徵〉等十篇，是韓非學說的骨幹部分。第二部分包括〈用人〉、〈備內〉、〈八姦〉、〈六反〉、〈五蠹〉、〈顯學〉等六篇，反映君主與其臣民的特殊關係。第三部分包括〈和氏〉、〈孤憤〉、〈説難〉、〈存韓〉、〈難言〉等五篇，反映韓非一生的憤慨和坎軻際遇。這種編排方式是希望協助讀者系統地了解《韓非子》的學術理論及行文風格的特質。在文字方面，主要根據校點本《韓非子集解》，並參看梁啟雄《韓子淺解》和陳奇猷《韓非子新校注》。正文如疑有衍、缺文字，在註釋中稍加説明。

本書的譯文和註釋以輔助讀者閱讀正文為目的。譯文以準確和流暢為主，註釋以補充譯文為主，避免作繁瑣的考證。在整理譯文和註釋時，筆者曾廣泛利用坊間流通的相關著作，擇善而從，詳細資料見於參考書目。讀者們如需對《韓非子》作出更深入的探究，這個書目或具有一定的指導作用。根據本文庫的體例，本書每篇的開端均撰寫「本篇導讀」，以協助讀者明確掌握該篇的主旨和內容大要。同時，在重要段落中加入「賞析與評點」，嘗試以新視野的角度去看問題，希望能引進較多的現代觀點。又，此部分共採用了二十四則陳耀南教授的精彩點評，謹此致謝！

目錄

說難終不羨韓非——《韓非子》導讀 〇〇一

一 統治理論篇

大體 〇二五
主道 〇三三
揚權 〇四四
觀行 〇六四
三守 〇七〇
南面 〇七七
定法 〇八七
難勢 〇九七

功名 —— 一一四
亡徵 —— 一二〇

二 臣民關係篇

用人 —— 一三九
備內 —— 一五四
八姦 —— 一六二
六反 —— 一七五
五蠹 —— 一九七
顯學 —— 二四五

三 智者哀歌篇

和氏 —— 二七五
孤憤 —— 二八四

說難　三〇〇
存韓　三一五
難言　三二四
參考書目　三三二
名句索引　三三五

說難終不羨韓非——《韓非子》導讀

陳耀南

西人當初只因聽說「遙遠的東方有個『秦』」，於是就稱之為Chine或China，不知道這王朝竟如此短祚從盡併諸國到亡滅，只不過十五年（公元前二二一─前二〇七），但又如此幽靈不散——「祖龍魂死業猶在」、「百代多行秦政治」，君主世襲、專制獨裁竟綿延了二千多載！

毛澤東這兩句詩（《讀封建論》，一九七三），描繪了中國政治歷史核心，查究下去，就必然迎出了「祖龍」（「始皇」的同義詞）以至歷代專制政治的辯護士和總設計師「韓非子」。

一生可悲的韓非，死於他的知音人秦王嬴政獄中（前二三三）。十二年後中國統一於「地形利害」和「號令賞罰」都遠超六國、因而最後成功的秦。秦王遂有「始皇」尊號。又十三年，始皇死（前二一〇）。再三年，秦亡漢興。八十多年後，司馬遷在《史記》中將韓非與老子、莊子、申不害合傳，這樣地記述：

> 韓非者，韓之諸公子也。喜刑名法術之學，而其歸本於黃老。非為人口吃，不能道說而善著書，與李斯俱事荀卿，斯自以為不如非。非見韓之削弱，數以書諫韓王，韓王不能

用。……故作《孤憤》《五蠹》《內外儲》《說林》《說難》十餘萬言。……人或傳其書至秦。秦王見《孤憤》《五蠹》之書，曰：「嗟乎，寡人得見此人與之遊，死不恨矣！」李斯曰：「此韓非之所著書也。」秦因急攻韓。韓王始不用非，及急，乃遣非使秦。秦王悅之，未信用。李斯、姚賈害之，毀之曰：「韓非，韓之諸公子也。今王欲併諸侯，非終為韓不為秦，此人之情也。今王不用，久留而歸之，此自遺患也，不如以過法誅之。」秦王以為然，下吏治非。李斯使人遺非藥，使自殺。韓非欲自陳，不得見。秦王後悔之，使人赦之，非已死矣。

申子、韓子皆著書，傳於後世，學者多有。余獨悲韓子為說難而不能自脫耳。

一個「悲」字，真的貫串了韓非的人生！

非常聰慧、早熟、敏感的他，卻生在高貴、堂皇而又複雜、虛偽的宮廷環境，聽厭了美妙的言談，看慣了醜惡的真相；不想逃遁於情慾，放逸於藝術，他關心政務，熱切改良，卻又生於世局大轉型的前夕，處身君庸臣賊、而又貼近虎狼之秦、國亡在即的弱亂之邦，卻又不忍、不能如他人的暮楚朝秦，捨離祖國。先天與童年的原因，嚴重的語言障礙，他好學、能文，從業於大儒荀卿，交上了同學李斯，從性惡、隆禮之說一滑而下，變本加厲，對人性、仁政，全失信心，卒之轉到任法、尊君的極端，以至殘酷寡恩，害人害己！

早已有許多人慨歎：聰明飽學如他，竟想不到（或者不以為意）：李斯本是小吏，富貴權位所在，事秦事楚無別，所以英主可以羈縻；韓非是國之世族，休戚相關，血濃於水（即如屈原之於楚），所以雄猜之君，終不能信他可以為己所用。韓非輕身入秦，不免與李斯（以至姚賈）利害衝突，更以疏間近，難怪宋代黃震《日鈔》譏歎：「送死秦獄，愚莫與比！」韓非死後，李斯權位更固，繼續輔佐秦王推行韓非理論。到秦皇一死，李斯又被所矯旨擁立的二世信更奸惡的趙高而害得全家慘死！

李斯、韓非，以至前此的商鞅、吳起等法家人物下場往往如此！不過，因為書寫得動人，又從未掌握得位，所以多一點獲得同情的，還是韓非。

中國第一個極權皇帝，欣賞他，自然也疑忌他；第一個全國的權相，畏忌他、害死他，但更貫徹、執行他的計策。漢以後歷朝政治莫不陽儒陰法，於是韓非死了，而又還沒有死。

二千年來無數評論者，斥罵他，惋惜他，嘲笑他，但是對他文章的清通、健銳，特別是推理和比喻的靈巧，都一致讚賞。論到歷代散文的論說一類，他與孟軻是先秦諸子的兩座巔峰。所不同的是他們相反的人性與民權信仰，相同的是他們所共歷的時世趨向，「定於一」，和自任以天下之重、以思想救世的學術承擔。

時世不斷在變，也不斷呈現種種病徵，有理想的人總覺得要想法醫治。理想高、抱負大，才能出眾而又富有使命感與同情心的人，更自覺是義不容辭的大國手。先秦諸子之學，就是由此而起。

首開晚周私家講學之風而為諸子之首的，是仲尼孔丘。墨翟、韓非，這兩名儒家死敵，最初都學於他的再傳弟子。據《論語．學而篇》，儒學精要是「志於道」（以探求人生真理為職志）、「據於德」（以天賦人性為根據）、「依於仁」（以道德良知為憑藉）、「遊於藝」（在各種學問匯成的文化江洋裏涵泳自得），循此發展，以尊天愛人為旨歸，以本心原性為基礎，以孝親敬長為起始，以勤學尚思為修養，以興仁復禮為功效，以君子賢人為典範，至於內聖外王，就最崇高尊貴了。這就是二千多年來作為中國文化骨幹的儒學大綱。歷代因之尊他為大成至聖先師，而繼承光大孔子之學的，是被稱為「亞聖」的孟軻。孟子以「仁」為人心安宅，「義」為行事正途，有志之士，必當「居仁由義」，以堯舜禹湯文武周公孔子一系列聖人為典範，而弘揚道統。其後荀子，最稱大師，教學既久，成就亦眾。他雖反孟軻「性善」之說，但仍極尊孔子而講「儒效」，勸「學」隆禮以成君子。所以，整個儒家體系就是：以仁心為基源，義理為原則，禮文為細目，交織拓擴，以顯示人之所以為人的「心性」主宰，建立鞏固「尚德」傳統，而發揚「人文」精神，這便是理想社會的共同規範了。

社會要講求荀子所謂「群居和一」，公德是必需的；東洋西海，心同理同，共識也是可能的。不過，「同」與「異」是矛盾而又並存的；「人心不同，各如其面」，個別差異在自然、在人間，都是有目共睹，不容否認，無可抹殺。一筆抹殺，強異為同，只造成無限而無情的痛苦。世間許多壞事是自以為「好心」而做出來的，許多罪惡是自以為義、強人從己而發生的，許多誤會是一廂情願的所謂「忠恕」而招致的，許多勞累、煩惱、紛爭以至罪過，是因為喜居人上而造成的。（以上理念，許多與後來傳入的佛家所信有相同相通之處，所以被反對的儒者稱為「二氏」。）所以，與儒家孔孟之道相異（不一定相反）而又相輔相補的，有老莊之徒，揭示一個形而上意義的「道」，其大無外，作為萬事萬物的總和；而物各有性，性各自足，都是得於自然的「德」；所以不必、也不可能以此例彼、或以彼代此。一切差異以至矛盾對立，都是無比偉大的「道」的一部分，永遠共存而又不斷互相流轉。（後來那神奇的「太極圖」就是這個道理的最佳象徵。）所以任何人間的共同規範，都沒有意義。作為萬物之一，人不配也不應有為，以免自擾擾人、欺人自欺。只有清靜無為，逍遙觀賞，順應自然，才是道理。他們把「道」講得又多又動聽，特別是春秋戰國動亂了幾百年，繼之以統一者嬴秦苛暴之政，和跟著的楚漢之爭，賢愚上下所有人都痛苦得不得了，到後來文景之世，把應時而興、合乎眾望的無為而治、與民休息的政策，標舉為「黃（帝）老（子）之道」，於是就被稱為「道家」，居於司馬談所謂有得而無失的「六家」之首了。

另一派思想：從儒家反出來另立門戶的墨家，厭病儒者煩擾奢費的禮樂喪葬種種儀文，他們對道家的玄虛之理也沒興趣，而只崇奉一個籠統的宗教意味的「天」，認為天的意志就是要人兼相愛、交相利，所以反對戰爭，他們相信鬼神，但又反對音樂、命運，主張節用、節葬，信仰的樸素和矛盾，基層大眾並不充分明白，也並不計較，他們只是感動、信服和跟從教主式領袖墨翟與接任的歷代「鉅子」，「摩頂放踵，利天下為之」的行俠仗義，以及民間幫會私人武力的團結互助。風從既眾，就與儒家並稱「顯學」。急公好義的墨者極重集體，與老莊道家同調的楊朱偏於個人，二者各趨一端而並斥於孟子。此外，除了不談政治的陰陽家，又有不像上述儒道墨三家之講究終極關懷，只是遊走列邦，把握其間的利害矛盾，馳騁舌辯以勸導諸侯或和或戰、或合或分，最終成就策士個人功名利祿的所謂「縱橫家」，以蘇秦張儀為冠冕人物。這就是韓非成長和活動時期，法家以外的諸子要略了。

儒道墨縱橫諸派，法家人士都不喜歡，認為他們大害於國。或者，最重要的，是不利於最高統治者。特別是處戰國末世、集法家大成的韓非子，對前述各家思想都了解，但都不滿意，甚至看不起、反對、唾棄。儒家講從自心發出的由親及疏的「推愛」；墨家認為應該是「天志」之下，無有差等的「兼愛」。韓非提醒領導人：「愛」就不利於統治。儒家以「親親」「尊賢」為治國用人兩大基準，韓非指出：這兩者之間一定矛盾，而且，「親親」就偏私，所謂「賢」也可以虛誕；還有利之所在，甚麼「親」「賢」都可以反戈攻擊君主！韓非認為，只有自己歸納綜合的那一套「憑勢、用術、行法」，才是明主的唯一妙方！

前期法家之書，《管子》《商君書》《申子》等等，雖或偽託，或不傳，但考核其中言論，與史書所記其人其事，則性格主張仍然可知，大抵都是從政務實，急功近利，不喜歡（也不擅長）抽象理念的探索和價值體系的建立——或者說：唯一價值，就在所效忠的國君當下的實際利益。甚麼人性陶冶、道德自覺等等，都嗤為迂闊，絕少關心，即有所謂教育，亦止於信賞必罰、訓練操控，以作生產和戰爭的工具。到集大成的韓非子，更是如此。其思想淵源和學術演變之跡，示如下表：

淵源	思想	→	韓非子思想
儒：荀子	性惡	→	性惡
	隆禮	→	尚法
	師法	→	以吏為師
道：老子	無為之靜觀智慧	→	無為自安
	無不為之超越自由心境	→	無不為以馭下
墨：墨子	尚同	→	統一思想
	天志	→	以君為天
法：前期法家	慎到：勢	→	憑勢
	申不害：術	→	用術
	商鞅：法	→	行法

韓非子思想

今本《韓非子》，大體可信為其自撰，間中有問題者，亦多為後學之所綴補或者擬作。作為學術研究，「韓非本人思想」與「《韓非子》書所表現之法家思想」是兩個有同有異的課題；作為本書導讀，則重點在於後者。個別作品的考據問題，不能多費篇幅了。以下表列《韓非子》全書大要，繼而精選條列最有代表性的言論，以見其主張：

原書篇目次第	作者與釋題	各篇論旨
初見秦第一	與《戰國策．秦策一》作「張儀語」者幾全同，而文更清淺暢備，然所說皆儀死後事，韓非志存韓，而此篇勸攻韓，情理不合，故或疑他人之作。	勸秦用法，使謀臣盡忠，以兵強地利破六國合縱而霸天下。
存韓第二	後半為李斯之文。	前半韓非求秦存韓，後為李斯上秦王駁韓非，及李斯上韓王勸依秦王書。
難言第三	或疑早期之文，或疑囚秦之作。	論進言之難。
愛臣第四	或疑早期之作。	明君必防臣，不可愛之太親。
主道第五	押韻，多黃老思想，或後期之作。	明主執虛靜、用權術、明賞罰的政治。
有度第六	多近《管子．明法》，疑是其他法家所作。	能行法度則國治。
二柄第七	多「刑」「德」對舉，以代「賞」「罰」，疑非韓子自作。	明君以「殺戮」「慶賞」為二柄以導制其臣。
揚權第八	情況同《主道》。	揚舉君權之道。或謂「權」當作「榷」，「揚榷」即「顯揚而扼要論述」之意。

八奸第九	盛年之作。	權臣欺國誤國之八術：同牀、在旁、父兄、養殃、民萌、流行、威強、八方，明主防之。
十過第十	文甚繁蕪，似近雜家者之作。	君臣危國亡身之十種過失，各舉史例。
孤憤第十一	韓非自著。	智術能法之士，與當道營私之人，勢不兩立，因人主昏昧而孤獨、悲憤。
説難第十二	韓非之作。	進説君主之各種困難，總在如何了解、打動對方心理。
和氏第十三	韓非之作。	玉師和氏，獻真玉而受誣遭刖，法術之士，危禍亦如之。
奸劫弑臣第十四	早年之作。	奸邪、劫勢、弑主之臣種種欺君之術。
亡徵第十五	後期入秦前之作。	人主之國衰亡禍亂之徵兆。
三守第十六	離儒入法之作。	人主待臣有三原則，守之則國安身榮，失之則三劫至。
備內第十七	韓非之作。	妻近子親，猶不可信，人主信人則制於人而患禍至。
南面第十八	韓非之作。	人主以明法、責實、變古而治國。
飾邪第十九	頗有來自《呂氏春秋》文字，或是入秦後之作。	治國在明法，不在卜筮鬼神。

原書篇目次第	作者與釋題	各篇論旨
解老第二十	選解《老子》要語。或疑他人之作。	
喻老第二十一	以史事傳説喻示《老子》之意。同《解老》，而作者又異。	
説林上第二十二	廣舉史事名言為例，其多如林，明世道人情真相。早期搜材抒論之作。	
説林下第二十三	同上。	
觀行第二十四	篇幅特小，尊儒近道，殆是韓非早年尚在荀門之作。	明主以道觀己之過，以法術觀人之限。
安危第二十五		明主求安去危之術。
守道第二十六		明主守法術之道。
用人第二十七		明主以賞罰法術用人。
功名第二十八		明主以天時、人心、技能、勢位而立功成名。
大體第二十九		致治立功成名之總原理。

內儲說上七術第三十	韓非自撰。左上下及右下三篇頗多錯亂，或晚歲入秦事變甚急，未遑整理。簡冊重多，故分為內外左右上下數篇。儲集多量人間故事，以見世道人情，而備人君內外政治之參考。每篇若干主題，皆先作凝練之「經」，以陳述要理，挈領提綱；繼釋之以「說」，搜採歷史故事，或更以「一曰」「或曰」方式，廣納異聞雜記，以補充發揮。「經」「說」既可分別單行，更宜合觀一見其一貫呼應，闡明法家思想。	明主御眾所用之術有七，所觀察臣下微妙之情有六。
內儲說下六微第三十一		
外儲說左上第三十二		
外儲說左下第三十三		
外儲說右上第三十四		
外儲說右下第三十五		
難一第三十六	韓非晚年之作。二十八則短評，各皆先陳歷史故事，繼以質問疑難。其中多評管仲、孔子，可見其早期肯定二人，而後來轉為苛評之態度之變。間中與《呂氏春秋》所採故事相同，而觀點相反，以篇幅總量龐大，故析為四篇。	採輯古人行事言論，質疑其利害之理，以明法治。
難二第三十七		
難三第三十八		
難四第三十九		
難勢第四十	有關慎到言「勢」之評論集。韓非作。思想已離荀子。	先述慎到權勢治國之論，繼引質詢疑難者，終抒己見。
問辯第四十一	韓非作。	明主貴法令，賤辭辯。
問田第四十二	篇題似後人所加，後段亦與無關，或其徒補編。	以田鳩答問之語論法治。
定法第四十三	韓非之作。	申不害言明主御下之「術」，商鞅論政府治民之「法」，比較二者得失與未盡善處而抒己見。

原書篇目次第	作者與釋題	各篇論旨
說疑第四十四	用典甚密，且多冷僻，或疑非盡韓作。	明主提防奸人言論行動。
詭使第四十五	韓非之作。	名實乖違，賞罰失當，是敗政之因。
六反第四十六	韓非之作。	奸偽與耕戰之民各六種，而賞罰與毀譽失當，國所以亂。
八說第四十七	韓非之作。	八種世俗匹夫之私譽，實人主之大敗。
八經第四十八	韓非之作。稍有竄亂，八節之題亦有異說。	治國八大原則：因情、主道、起亂、立道、周密（?）參言、聽法、類柄、主威（?）。
五蠹第四十九	韓非之作。	儒者、縱橫策士、墨家任俠、逃兵役、務商賈者，為國之五蠹，明主棄之。
顯學第五十	韓非之作。	力斥儒墨之家崇古，非愚即誣。
忠孝第五十一	作者問題有疑。	教忠孝不能治國，唯有賞罰。
人主第五十二	或疑後學集韓之作。	人主必當絕對權威。
飭令第五十三	錄自《商君書‧靳令》稍有刪節，無六蝨與仁義一段。	論整飭法令之要。
心度第五十四	作者問題有疑。	以賞罰之法，度臣民之心。
制分第五十五	作者問題有疑。	制賞罰，分功罪，以治國家。

一、人性惡而不可信靠：

「父母之於子也，產男則相賀，產女則殺之。……故父母之於子也，猶用計算之心相待也，況無父子之澤者乎？」（《六反》）

「人為嬰兒也，父母養之簡，子長而怨，子盛壯成人，其供養薄，父母怒而誚之。……皆挾相為而不周於為己也。」（《外儲說左上》）

「人主之患在於信人，信人則制於人……夫以妻之近與子之親，猶不可信，則其餘無可信者矣。」（《備內》）

二、物質經濟決定治亂：

「古者……不事力而養足，人民少而財有餘，故民不爭，是以厚賞不行，重罰不用，而民自治。今……人民眾而貨財寡，事力勞而供養薄，故民爭。雖倍賞累罰而不免於亂。」（《五蠹》）

三、務時用不法古：

「聖人不期修古，不法常可，論世之事，因為之備。」（《五蠹》）

「言先王之仁義，無益於治。」（《顯學》）
「無參驗而必之者，愚也；弗能必而據之者，誣也；故明據先王，必定堯舜者，非愚則誣也。愚誣之學，雜反之行，明主弗受也。」（《顯學》）

四、反儒墨：

「儒以文亂法，俠以武犯禁。」（《五蠹》）
「舉先王言仁義者盈庭，而政不免於亂。」（《五蠹》）
「不能具羹食而勸餓人飯。」（《八說》）

五、法重於德：

「夫嚴家無悍虜，而慈母有敗子，吾以此知威勢之可以禁暴，而德厚之不足以止亂也。夫聖人之治國，不恃人之為善也，而用其不得為非也：為治者用眾而捨寡，故不務德而務法。」（《顯學》）
「法之為道，前苦而長利；仁之為道，樂偷而後窮。」（《六反》）
「賞莫如厚而信，使民利之；罰莫如重而必，使民畏之；法莫如一而固，使民知之。」

（《五蠹》）

六、愚民：

「民智之不可用，猶嬰兒之心也。…… 嬰兒不知犯其所小苦致其所大利也。今上急耕田墾草以厚民產也，而以上為酷；修刑重罰以為禁邪也，而以上為嚴；徵賦錢粟以實倉庫、且以救饑饉備軍旅也，而以上為貪；境內必知介而無私解（民皆知兵而不敢私鬥也），並力疾鬥所以禽虜也，而以上為暴。此四者，所以治安也，而民不知悅也。…… 夫民智之不足用亦明矣。故舉士而求賢智，為政而期適民，皆亂之端，未可與為治也。」（《顯學》）

「明主之國，無書簡之文，以法為教；無先王之語，以吏為師；無私劍之捍，以斬首為勇。」（《五蠹》）

七、明君統治之道：

韓非不言「仁君」而說「明主」，其統治之道是：

憑勢——勸位自固

用術——形名參同
行法——信賞必罰

慎到言尚勢，以為賢智未足服眾，而勢位可以屈賢，所以身不肖而威令行，就靠得助於眾。韓非廣其說，認為聖哲之君，百世無一；憑勢任法，則中材之君，亦可致治。所以，勢位是人主的筋力爪牙，不可去之。（見《難勢》《人主》《功名》諸篇。）

韓非以為：「明主之所道制其臣者，二柄而已矣。二柄者，刑德也。何謂刑德？曰：殺戮之謂刑，慶賞之謂德。為人臣者畏誅罰而利慶賞，故人主自用其刑德，則群臣畏其威而歸其利矣。」所以明主秉要執本，以闇見疵，形名參同，聽言而求其當，任身而責其功，所謂「因任授官，循名責實，操生殺之柄，課群臣之能」者，就是人主所操的「術」了。

綜核名實，繼之以信賞必罰，重一奸之罪而止境內之邪，報一人之功而勸境內之眾，「憲令著於官府，刑罰必於民心；賞存乎慎法，而罰加乎奸令者」，此所謂法。法莫如顯，而術不欲見，不可一無；皆帝王之具也。（見《定法》）

總之，韓非以至他作為集大成代表的先秦法家，所秉持者絕非現代普遍價值的法治精神。人性自私，所以要制衡權力，要民主法治，以達社群之大公，這是現代共識；人性自私，所以要壓制、利用所有其他人的自私，以成就專制獨裁者最大的自私，這是先秦法家最通透的韓非子！

現代講出「奉法而治」(rule of law)，法律的制定是開誠佈公，法律的實施是人人平等，終極關懷在於全民；韓非他們則是「以法為治」，(rule by law)，人人屈於「為君主而制、而君主獨非所制」的法律之下。一切利益最後歸於君主。君主以法律禁制臣民：「太上禁其心，其次禁其言，其次禁其事」(《說疑》)，從行動，到言論，到思想，都在所統制！如果君主是人，則一切他人都只是工具，是牛馬！「賞之譽之不勸，罰之毀之不畏，四者加焉不變，則其除之！」(《外儲說右上》)連沉默退隱也不容許！所以，焚書之酷、坑儒之慘，都絕非偶然突發！

《漢書．酷吏傳》說：「法令者，治之具，而非制治清濁之源也。」法令，並不是價值根本，漢代揚雄《法言》：「申韓之術，不仁至矣！何牛羊之用人也！」法家待人民，像對畜牲一樣。這是古代的評論，現代章炳麟《國故論衡．原道下》：「今無慈惠廉愛，則民為虎狼也；無文學，則士為牛馬也」；「國雖治，政雖理，其民不人」；「有見於國，無見於人；有見於群，無見於孑」——「孑」(音「揭」，不是「子」)就是一個個單獨的甚至是孤弱的，然而是有個性、有尊嚴、有人權的老百姓；過分地強調集體，必定也過分地壓縮個人；只知道擁護必然腐敗的絕對君權，更必然不把領袖以外的人當人看待！

韓非既深悉人性之惡，則君主亦人，其惡又何以不必防治，而又縱之任之，以肆統治之權，得大惡大私之利？若說秦之暴虐與速亡是二世、李斯等私心扭曲，不如說是本質趨勢如此。「飄風不終朝，驟雨不終日」，《老子》早有明訓！

百載以來，知悉歐西歷史者漸多，頗有把韓非子與十五、六世紀間意大利政客馬基雅維利（Niccolò Machiavelli，一四六九—一五二七）相提並論者。馬氏生於昔富貴而今破落之家，奮鬥苦學，力爭上游，於是躋身政壇，內政外交，多所參與，一五一二年至一五一三年間，捲入政變，乃被捕囚，旋即獲釋，從此退出官場，專心寫作，成《君主論》（The Prince），力主英明領袖，宜應不擇手段，用盡詭謀，以取個人及政府利益。馬氏既鬱鬱而卒，其書梓行，風動士林，影響日後歐西政治。論者就多說與千餘年前中國韓非頗有近似。其實細究起來，相異之處也不可忽視：

第一，西方自基督教普遍流行，原罪觀念深入人心，君相王侯，同在神前懺悔求赦，朝野上下對權力中毒之防治，早成共識。中國文化主流，以仁心善性為宗，韓非承荀子而變本加厲，強調性惡，懷疑仁愛，但又輕視禮教，只言賞罰，於是歷代多評其偏激，又或陰用其言，而陽棄其說。

第二，自羅馬帝國崩解，民族國家林立，以分裂獨立為常態，元首不過位同諸侯，權威有限。中國自秦漢之後，以大一統為正常，國家機器龐大，君主被擬為聖為神，世襲專制獨裁，法家更易助紂為虐。

第三，自羅馬君士坦丁大帝歸信，基督教會地位崇高，國君登基，教皇加冕，宗教改革之後，政教分離，但朝野共同信仰，成為制衡政府之公民權力。中國自西周以人文精神代替殷商尚鬼多祀，此後亦並無可與政權抗衡之教會，反之，教主亦受君王冊立，封贈尊號，而接受管制，神權反被政權利用。由此觀之，法家韓非之流，逢迎君惡的阻力，比較馬基雅維利為小。

論政者要打動人心，從政者要獲得權位，在今日民主之世，靠的是公開論辯，吸引選民；在專制君主當朝，就要以文辭打動帝心。陸機《文賦》：「說煒曄而譎誑」，就如現代有人所謂「政治是高明的騙術」。《文心雕龍．論說篇》所云：

戰國爭雄，辯士雲踴；縱橫參謀，長短角勢；轉丸騁其巧辭，飛鉗伏其精術；一人之辯，重於九鼎之寶；三寸之舌，強於百萬之師。

佩六國相印的蘇秦，封五個富邑的張儀，就是當世最多人豔羨的、成功的「縱橫」之士。「飛辯以馳術，饜祿而餘榮」（《文心．諸子》），韓非學勤思敏，不屑比於蘇、張，但同樣要寄望「人主」，可惜嚴重「口吃」，補償的是「善於著書」——他文字上的長處，主要有兩方面：一是清晰周密、脈絡分明，極合推理原則；二是例證豐富、生動，比喻靈巧、貼切，結合造成胡應麟《筆叢》所謂「抉摘隱微，燁如懸鏡」的動人效果。特別是《文心雕龍．諸子篇》所稱的「韓非著博喻之富」，書中《儲說》內（上下）、外（左上、下，右上、下）六篇，即是「寓言」，二百多則，其他《說林》上下、《喻老》《十過》等篇，亦多以故事為例，後世許多成語、諺語、典故出於此，活躍在民眾口頭和文士筆下。最著者如：「守株待兔」、「自相矛盾」、「佩弦佩韋」、「濫竽充數」、「病入膏肓」、「鳴必驚人」、「三人成虎」、「郢書燕說」、「買櫝還珠」、「諱疾忌醫」……以至「和氏璧」、「曾子殺彘」、「鄭人買履」、「不死之藥」、「批其逆鱗」、「狗猛酒酸」等等，在文學藝術、語言技巧方面，韓非之書，就可說是少有病毒而營養甚多了！

修辭主要是動人以情，推論所重是服人以理，所以「入道見志、成一家言」的諸子，都有邏輯。「邏輯」這個外來語的普及程度，或者超過了「名學」、「論理」、「理則」等等較富中文本色的同義詞——因為似乎在西方一向較為發達——不過，概念與判斷的建立，推理的開展，既是普世人心所同，以雄文代利口的韓非，書中富有邏輯範例，也是應有之義了。

韓非痛批儒墨的經典妙喻：「矛盾」（《難一》《難勢》），正是邏輯基本要律之一。以矛盾律為基礎的犀利武器：「二難論法」，再加上「假言推理」（如《解老》論證《老子》所謂「禍福倚伏」），「歸納推理」（多見於內外《儲說》六篇），都廣見書中。至於《二柄》《八奸》、《十過》《三守》《七術》《六微》《六反》《八說》《八經》《五蠹》等等篇章名目，更足見韓非辯（辨）類劃分的興趣，最後都以對於人主有益有用與否，為「二分」的基準。

「以霸王之業教君」既然是他著書立說的終極關懷，在立竿見影的功利現實之外的抽象思維，名理玩索，韓非自然不屑一顧，甚至大加掊擊。荀況承孔子而務「正名」，但已批評惠施等「甚察而不惠」（《非十二子》），精細過甚，沒有實益），「蔽於辭而不知實」（《解蔽》），沉溺在詞語文字，背離現實常識），到弟子韓非，眼中更只有君王勢位權力，認為「辯生於上之不明」（《問辯》），「堅白（公孫龍）無厚」的名家之辨，不容於憲令之法；甚麼「白馬非馬」，帶馬過關也非繳納賦稅不可（《外儲說左上》）！戰國三晉正如晚清，時人救亡圖存的危機感特別迫切，可以理解；不過，在希臘以至近代歐西，何嘗不城邦林立，興滅無常？對抽象名理之學何以興趣遠過？真值得更作思考。

老子主張「虛其心」、「弱其志」、「民之難治，以其智多」，法家尤其是韓非，更討厭人民多說亂動，不依君主指定的路數來用力用心，難怪「祖龍」一讀其書，恨未同遊了！

一、統治理論篇

第一部分包括〈大體〉、〈主道〉、〈揚權〉、〈觀行〉、〈三守〉、〈南面〉、〈定法〉、〈難勢〉、〈功名〉、〈亡徵〉等十篇，是本書的骨幹部分。它主要説明韓非的帝王統治術的理論基礎，包括其以黃老思想為中心的政治理論，法家的法、術、勢的綜合運用原則和如何建立成功的政權及避免失敗的種種歷史經驗。

大體

本篇導讀——

本篇原為第二十九篇，題目是〈大體〉，現以為本書的首篇，是因為它揭示了韓非子思想的總綱領。本篇強調優秀的領袖在施政時必須遵循自然法則，並客觀地把握現實政治的全盤局勢和關鍵。本篇所論述的理論基礎，是以黃老思想為核心，崇尚施政者效法自然，反對他們憑藉主觀的意志與好惡來治理國家。它認為治理天下必須從大局出發，並按照規律和法則辦事，以達到長治久安的理想效果。這是一篇代表戰國晚年道、法二家思想相互影響及滲透下的重要作品。

古之全大體[1]者，望天地，觀江海，因山谷[2]，日月所照，四時所行，雲佈風

動；不以智累心，不以私累己[3]；寄治亂於法術，託是非於賞罰，屬輕重於權衡[4]；不逆天理，不傷情性；不吹毛而求小疵，不洗垢而察難知；不引繩之外，不推繩之內[5]；不急法之外，不緩法之內[6]；守成理，因自然；禍福生乎道法而不出乎愛惡[7]，榮辱之責在乎己而不在乎人。故至安之世，法如朝露，純樸不散；心無結怨，口無煩言[8]。故車馬不疲弊於遠路，旌旗不（靡）亂[9]乎大澤，萬民不失命於寇戎，雄駿不創壽於旗幢[10]，豪傑不著名於圖書，不錄功於盤盂。記年之牒空虛。[11]故曰：利莫長於簡，福莫久於安。[12]

註釋

1 全大體：把握全盤局勢和關鍵。

2 望：分析。觀：觀察。因：按照。三者都是通過對自然規律的把握和模仿，作為施政的指南。

3 累：煩擾。指領袖不可自恃聰明，也不要私心自用，以損壞自己的天性和人格。

4 寄、託、屬：三者都是付託。屬音捉。按：「法術」是韓非常用的專門詞彙，指法律和統治術。專門研習這些學問的原理及實踐的人，稱為「法術之士」。又，韓非擅於撰寫議論文，喜用排比句以增強氣勢，「望天地、觀江海、因山谷」和

「寄治亂於法術，託是非於賞罰，屬輕重於權衡」只是兩個精彩的例子，讀者宜舉一反三，對韓非的行文多加注意。

5 按：即嚴格按法規辦事，不加多亦不減少。

6 按：謹守法規，執法者不以一己之私而寬緩或苛求。

7 按：每個人的災禍或幸福都只會因為是否遵守法規，而不會因施政者的好惡而產生差異。

8 按：孔子說：「天下有道，則庶人不議。」

9 按：依據句式結構，亂字前疑缺一「靡」字，今補上。《左傳・莊公十年》曰：「視其轍亂，望其旗靡。」又「不疲弊、不靡亂、不失命、不創壽、不著名、不錄功」並列，是排比句。

10 駿：通「俊」。雄俊喻勇士；創壽指於戰爭中被刹；旗幢指旗幟。

11 盤盂：指古代青銅器皿，其中常有銘刻功勛和賞賜的文字，也有作為座右銘的，如《禮記・大學》載：「湯之〈盤銘〉曰：苟日新，日日新，又日新」，便是一個著名的例子。記年之牒指《竹書紀年》類的編年史或《世本》類的古代譜牒。

12 按：此句指領袖執簡馭繁，以達致國家長治久安的幸福。

譯文

古代執持全局的領袖，必須要能夠觀察天地、江海和山谷的自然狀態和變化規律，遵循日月普照、四時運行的原則，以及順應風雲變幻的種種法則；不用智巧來煩擾本性，不讓私利損害人格；把國家的治亂付託在法律和統治術上，把事情的是非寄託在獎賞和懲罰上，把物件的輕重寄託在稱量輕重的工具上；不違背天理，不傷害人情；不吹毛求疵，不打破沙鍋問到底；不會增添或減損法律原則；對法禁以外的事情不苛刻，對法禁以內的事情不寬容；把握恆定的道理，順應自然的規律；每個人的災禍或幸福只在於是否遵守法規，而不會因執法者的好惡而產生差異；榮譽和恥辱的責任只在於自己，而不在於他人。所以，治理得最好的時代，法制好比早晨的露珠，純樸潔淨，人民心裏沒有積聚怨恨，口中沒有憤怨的言論。所以，車馬沒有遠途奔跑的勞累，旌旗沒有兵敗大澤的紛亂，百姓不會因為外敵侵犯而喪命，勇士不戰死在軍旗之下；猛將不把名字記錄在功勛冊上，不把戰功銘刻在盤盂上。編年的史籍或譜牒也無事可記。所以說，沒有比政令清簡的好處更大，沒有比天下太平的福澤更綿長。

賞析與點評

文中強調「不逆天理，不傷情性；不吹毛而求小疵，不洗垢而察難知」，與法家予人嚴苛暴虐的印象大不相同。事實上，即使是法家的代表人物韓非，也是根本上反對吹毛求疵、殘害萬民的野蠻行徑。他認為理想的施政是天子仿效自然規律，不呈小智小慧，也不好大喜功，大公無私地追求長治久安的目標。

使匠石[1]以千歲之壽操鈎（股）[2]，視規矩，舉繩墨而正太山[3]，使賁育帶干將而齊萬民，雖盡力於巧，極盛於壽，太山不正，民不能齊。[4]故曰：古之牧[5]天下者，不使匠石極巧以敗[6]太山之體，不使賁育盡威以傷萬民之性。因道全法，君子樂而大姦止。澹然閒靜，因天命，持大體。故使人無離法之罪，魚無失水之禍。如此，故天下少不可。

註釋

1 匠石：匠人名石，出自《莊子．徐無鬼》：「匠石運斤成風。」斤：工匠使用的斧。

2 按：依照據句式結構，鉤字下疑缺一「股」字，今補上。鉤股，即通作勾股，即勾股弦的省稱，是古代幾何學名詞。「操鉤股、視規鉅、舉繩墨」並列，為排比句。

3 太山：泰山。

4 按：此句指二者都因為違反自然而徒勞無功。

5 牧：本意為放牧牛羊，引申為治理，故古代有「州牧」、「牧民之官」等詞彙。

6 敗：損害。

譯文

讓匠石年壽千歲，拿著鈎股，執著規矩，彈好墨線，而修整泰山；讓孟賁、夏育帶天下名劍，去治理民眾；儘管使用極精良的工具，又能特別長壽，但泰山仍然得不到修整，民眾仍然得不到治理。所以說，古代治理天下的，不讓匠石用盡技巧來改變泰山的形狀，不讓孟賁、夏育用盡威力來傷害萬民性情。只要依循自然的規律以健全法制，君子便可享受安樂而大姦也停止作惡。天子澹泊無為，順應自然規律，執持全局，使人沒有違法的罪過，魚沒有失水的禍害。這樣，天下便太平了。

上不天則下不遍覆，心不地則物不畢載。[1]太山不立好惡，故能成其高；江海不擇小助，故能成其富。[2]故大人[3]寄形於天地而萬物備，歷心於山海而國家富。上無忿怒之毒，下無伏怨之患，上下交順，以道為舍[4]。故長利積，大功立，名成於前，德垂於後，治之至也。

註釋

1 上：天子。下：萬民。不天即不效法蒼天，不地即不效法大地。天地代表大自然，所以天子必須效法自然。《小雅．北山》說：「普天之下，莫非王土；率土之濱，莫非王臣。」

2 不立：不存在。不擇：不取捨。意指無論是泰山或江海，都是自然的一部分，對山石和水點都兼容並包，不加排拒，所以才能成就錦繡山河。故天子必須仿效自然。

3 大人：天子。

4 舍：停留的地方。這裏指遵守的規則。

譯文

天子如果不效法遼闊的蒼天，就不能照顧世上所有的人；如果不效法寬廣的大地，就不能承載眾生和萬物。泰山對土石沒有好惡之心，所以能夠形成它的高大；江海對細流不加選擇，所以能夠形成它的富有。所以大德之人要像天地那樣遍覆畢載而使萬物齊備，要像山海那樣不存好惡、不拒小助而使國家富強。天子沒有因忿怒而殘害百姓，臣民沒有因含恨而製造禍亂，上下都保持純真的天性，一切以效法自然為準則。所以長久的利益積聚，巨大的功業建立，名譽成就於生前，恩德流播於後世。這樣，便能達到治理國家的極則。

賞析與點評

韓非說「太山不立好惡，故能成其高；江海不擇小助，故能成其富」，與李斯在〈諫逐客書〉勸止秦王驅逐客卿時說「泰山不攘土壤，故能成其大；河海不擇細流，故能就其深」，實有異曲同工之妙。二人先後成為荀子的門人，此可作為旁證。

主道

本篇導讀——

本篇原為第五篇，題目是〈主道〉，主要闡述君主應秉執的無為原則，作為治理國家的基本方法。上一篇是韓非的治國總綱領，此篇則集中討論君主應無為而治，而群臣則各盡其職守，以達到「無為而無不為」的理想效果。這是韓非利用道家學說應用於中央集權體制的法家思想之中。本篇提出君主在實踐「無為」時，管理臣下必須遵守的三大原則：守虛靜、合形名、正賞罰。同時，文章還指出君主要避免五種壅閉，以免大權旁落，危及自身。在寫作特色方面，〈主道〉全篇用韻，說明《老子》的撰寫方式對韓非造成深刻的影響。而這種用韻的方式也見於〈揚權〉，即本書的第三篇。

道者，萬物之始，是非之紀也。[1]是以明君守始以知萬物之源，治紀以知善敗之端。故虛靜以待，令名自命也，令事自定也。虛則知實之情，靜則知動者正。有言者自為名，有事者自為形，形名參同[2]，君乃無事焉，歸之其情[3]。故曰：君無見[4]其所欲，君見其所欲，臣自將雕琢[5]；君無見其意，君見其意，臣將自表異。故曰：去好去惡，臣乃見素；去舊去智，臣乃自備。[6]故有智而不以慮，使萬物知其處；有行而不以賢，觀臣下之所因；有勇而不以怒，使群臣盡其武。[7]是故去智而有明，去賢而有功，去勇而有強。群臣守職，百官有常，因能而使之，是謂習常[8]。故曰：寂乎其無位而處，漻乎莫得其所。[9]明君無為於上，群臣竦懼[10]乎下。明君之道，使智者盡其慮，而君因以斷事，故君不窮於智；賢者效[11]其材，君因而任之，故君不窮於能。有功則君有其賢，有過則臣任其罪，故君不窮於名。是故不賢而為賢者師，不智而為智者正。臣有其勞，君有其成[12]，此之謂賢主之經也。[13]

註釋

1 按：老子說：「道可道，非常道。名可名，非常名」，反映道家學說比較抽象。韓非的法家思想則利用道家虛靜無為的思想應用到現實政治中，所以這裏用具體事例來說明「道」，認為它是萬物的根源，一切是非得失的準則。

2 名：指言論或主張。形：指辦事的成效。按：「形名」也是韓非常用的專門詞彙，指結果（形）和主張（名）必須一致和配合，不能有差異，即「形名參同」。參是驗證。

3 情：真相。

4 見：通「現」，顯現。

5 按：為討好君主而粉飾自己的言行。

6 素：真實。舊：成見。備：整飾。

7 行：才能。賢：施展。因：依據。這是說君主雖「有智、有行、有勇」，但不要顯現出來，即「無為而治」。

8 按：遵循已頒佈的常規辦事，即要求臣下接常規各守其職，各盡其責。君臣配合無間，達致「無為而無不為」的理想境界。

9 寂：清靜。漻：空曠。二者用來形容君主的無為狀態。

10 按：各級臣子誠惶誠恐地實踐職務。

11 按：原文作敕，據《韓非子集解》改。

12 按：原有一「功」字，據《韓非子集解》刪去。

13 按：陳奇猷《韓非子新校注》對〈主道〉和〈楊權〉兩篇均注明用韻的情況，現據較簡明的馬世年《「韓非子」的成書及其文學研究》第六章第三節列出來。他說：「〈主道〉全文近九百字，全篇用韻，一氣呵成。」以第一段為例，用韻的順序是：始、紀（之部）；源、端（元部）；命、定、情、正、名、形、情（耕部）；欲、欲、琢（屋部）；意、意、異（職部）；惡、素（魚鐸對轉）；智、備（之職對轉）；慮、處（魚部）；賢、因（真部）；怒、武（魚部）；明、功、強（陽東旁轉）；職、常、之、常（奇句之職對轉；偶句陽部）；處、所（魚部）；上、下（魚陽對轉）；慮、事、智（之支魚旁轉）；材、之、能（之部）；賢、罪（真微合韻）；名、正、成、經（耕部）。全篇的用韻及其所屬韻部，均見於第一九二至一九四頁。

譯文

道是萬物的根源，一切是非得失的準則。所以賢明的君主需從根源來了解萬物的起始，分析準則以了解事情成敗的原因。因此用虛靜的態度對待一切，使名稱自然命定，使事情自然成立。空虛冷靜，就知道事情和行動的效果。使進言者自加解說，使辦事者自行表現。表現和主張驗證相合，君主就不必有所作為，而事物也呈現出真相。所以說：君主不要顯露自己的欲望，如果顯露自己的欲望，臣下將自我粉飾；君主不要顯露他的意圖，君主顯露他的意圖，臣下將自我偽裝。所以說：君主除去愛憎和厭惡，臣下就表現實情；君主摒除成見和智慧，臣下就戒飭自己。所以君主有智慧也不用來思考，使萬物處在它本來的位置；有才能也不施展，以觀察看臣下的言行和依據；有勇力也不表現出來，使臣下充分發揮他們的勇武。因此君主不表現智慧卻仍有明察，不表現賢能卻仍有功績，不表現勇力卻仍有強大。群臣恪守職責，百官都有常法，君主根據才能使用他們，這叫遵循常規。所以說：清靜啊！君主好像沒有處在君位上；空曠啊！臣下不知道君主在那裏。明君在上面無為而治，群臣在下面誠惶誠恐。明君的原則是，使聰明人竭盡思慮，君主據此決斷事情，所以君主的智力不會窮盡；鼓勵賢者發揮才幹，君主據此任用他們，所以君主的能力不會窮盡；有功勞則君主獲得賢名，有過失則臣下承擔責任，所以君主的名譽是無窮盡的。因此，君主不表現賢能卻可以成為賢明的導師，不表現智慧卻可以成為明智的領袖。臣下承擔勞苦，君主享受成功，這就叫賢明君主的常道。

賞析與點評

「君無見其所欲，君見其所欲，臣自將雕琢；君無見其意，君見其意，臣將自表異」。老子所謂「魚不可脱於淵，國之利器，不可以示人」。「有功則君有其賢，有過則臣任其罪。」二語最合從來自私領袖之意。

道在不可見，用在不可知；虛靜無事，以闇見疵。[1] 見而不見，聞而不聞，知而不知。[2] 知其言以往，勿變勿更，以參合閱[3]焉。官有一人，勿令通言，則萬物皆盡。[4] 掩其跡[5]，匿其端[6]，下不能原[7]；去其智，絕其能，下不能意。保吾所以往而稽同之，謹執其柄而固握之。絕其望，破其意，毋使人欲之。不謹其閉，不固其門，虎[8]乃將存。不慎其事，不掩其情，賊乃將生。弒其主，代其所，人莫不與，故謂之虎。處其主之側，為姦匿[9]，閒其主之忒[10]，故謂之賊。散其黨，收其餘，閉其門，奪其輔，國乃無虎。大不可量，深不可測，同合形名，審驗法式，擅為者誅，國乃無賊。是故人主有五壅[11]：臣閉[12]其主曰壅，臣制財利曰壅，臣擅行令曰壅，臣得行義曰壅，臣得樹人曰壅。臣閉其主則主失位；臣

制財利則主失德，臣擅行令則主失制，臣得行義則主失明，臣得樹人則主失黨。此人主之所以獨擅也，非人臣之所以得操也。

註釋

1 闇：隱蔽。疵：毛病。君主暗中察看臣下的過失。老子說：「道之為物，惟恍惟惚。」意即指道是不可見、不可知。韓非認為君主應仿效道，讓臣下難以捉摸。闇是隱蔽，疵是毛病。君主暗中察看臣下的過失。

2 而：猶如。

3 閱：考核。

4 按：每一官職只有一人，不讓他們互通聲氣，則一切實情就顯露出來。

5 按：掩字前有一「函」字，據句式結構，疑為衍文，故刪去。全句應作「掩其跡，匿其端，下不能原；去其智，絕其能，下不能意」，屬排比句。

6 端：君主的行為和念頭。

7 原：窺測。

8 虎：猛虎，喻劫奪君權的姦臣。

9 匿：邪惡。間，窺伺。匿原作臣，據王念孫《讀書雜志》改正。

10 忒：過失。間原作聞，據王念孫《讀書雜志》改正。

11 壅：蒙蔽。

12 閉：蒙蔽君主，使君主不了解真實情況。

譯文

君主應仿效無形無跡的道，其作用是讓臣下難以捉摸。君主也需要從暗中察看臣下的過失。君主表現得看見好像沒看見，聽到好像沒聽到，知道好像不知道。了解臣下主張以後，不要變更它，而是考核他們的言行是否一致。每個官職只有一人，不要讓他們相互通聲氣，則一切實情就顯露出來。君主掩蓋自己的行跡，隱藏自己的念頭，臣下就無法窺測他的心意。君主去掉智慧，不用才能，臣下就無法揣度。不表現自己的意圖而考察臣下的想法，謹慎地保住權柄而牢固地掌握它。杜絕臣下的試探，破除臣下的窺測，不要讓人貪求君位。不小心門栓，不緊閉門戶，老虎就將闖入。不慎重從事，不掩蓋真情，亂臣賊子就將產生。殺死君主，篡奪君位，人們沒有不歸附的，所以稱他為老虎。站在君主身邊的姦臣，窺伺君主的過失以便為非作惡，所以稱他為姦賊。君主解散他的朋黨，收拾他的餘孽，斷絕他們的往來，剷除他的助手，國家就沒有竊國的老虎。君主的道術廣大無邊，也深不可測，觀察形名是否相同，審驗臣下的活動。如臣下擅自行動，則加以誅殺，國家就沒有姦賊。因此，君主有可能受到臣下五種壅蔽，包括：使君主閉塞、控制財利、擅自發令、私自給人好處、扶植黨羽。臣下蒙蔽君主，君主就失去權位；臣下控制財利，君主就失去了恩德；臣下擅自發令，君主就失去了控制權；臣下私自給人好處，君主就失去了民眾；臣下得以扶植黨羽，君主就失去了親信。這些權力應該都是君主所獨擅的，臣下不能把持。

賞析與點評

「道在不可見，用在不可知；虛靜無事，以闇見疵。」老子之道，韓非用作權謀馭下之術。

人主之道，靜退以為寶。[1] 不自操事而知拙與巧，不自計慮而知福與咎。[2] 是以不言而善應，不約而善增。言已應，則執其契，事已增，則操其符。符契之所合，賞罰之所生也。故群臣陳其言，君以其言授其事，事以責其功。功當其事，事當其言，則賞；功不當其事，事不當其言，則誅。[3] 明君之道，臣不得陳言而不當。是故明君之行賞也，曖乎如時雨，百姓利其澤；其行罰也，畏乎如雷霆，神聖不能解也。故明君無偷[4]賞，無赦罰。賞偷，則功臣墮其業，赦罰，則姦臣易為非。是故誠有功，則雖疏賤必賞，誠有過，則雖近愛必誅[5]。疏賤必賞，近愛必誅，則疏賤者不怠，而近愛者不驕也。

註釋

1 按：這是依據道家學說而施展於現實政治的最高原則。

2 拙、咎：失敗。巧、福：成功。君主以考察臣子做事的成績為賞罰的唯一原則，緊握執政大權。

3 按：此即上文強調的「形名參同」。

4 偷：隨意。

5 按：這就是商鞅主張的「信賞必罰」。

譯文

君主的道術，以寧靜謙退最寶貴。不親自操持政務，但知道政事拙巧，不親自考慮事情，但知道計劃的成敗。因此，君主不表達意見，卻善於反應；無須配合臣下，就能把事情辦好。臣下已經提出主張，君主就拿來作為日後的憑證；臣下已經作出事情，君主就拿來驗證。拿了憑證進行驗核，就是對臣下施行賞罰的根據。所以群臣提出他們的主張，君主根據他們的主張授予他們職事，依照職事責求他們的功效。功效符合職事，職事符合主張，就獎賞；功效不符合職事，職事不符合主張，就處分。明君的原則，要求臣下不能說話不算數。因此明君行賞，像及時雨那麼溫潤，百姓都能受到他的恩惠；君主行罰，像雷霆那麼可怕，就是神和聖也不能解免。所以明君不隨便給予賞賜，也不任意赦免懲罰。賞賜隨便了，功臣就懈怠工作；懲罰隨意赦免，姦臣就輕易犯法。因此確實有功的，即使疏遠卑賤的人也一定給予賞賜；確實有罪的，即使親近喜愛的人也一定受到懲罰。如能做到疏賤必賞，近愛必罰，那麼疏遠卑賤的人就不會懈怠，而親近喜愛的人就不會驕橫了。

賞析與點評

「誠有功，則雖疏賤必賞」，此法家有效，勝儒家重情之處，但世襲獨裁之君，是否必能有賞罰之明？又成疑問。

揚權

本篇導讀——

本篇原為第二十九篇，題目是〈揚權〉，主要是闡明人君用權的原理。陳耀南教授按：或說當作〈揚搉〉，「顯揚而扼要論述」之意。據邵增樺指出：「文選蜀都賦劉逵注：韓非有〈揚搉〉篇。揚搉二字，曾見於莊子徐無鬼、淮南俶真、漢書敍傳，都是約略的意思」，而約略即指綱領。由於二說均可講通，本書暫據通行的《韓非子集解》，題為〈揚權〉。此篇與〈主道〉相同，全篇均用韻，句式較〈主道〉更為整齊。本篇主旨也強調以道家哲學為基礎，論述君主應以自然無為的態度去治理國家，所以絕不可驕矜自用以破壞正常的上下關係。它又指出君主有獨一無二的支配權，必須掌握刑德二柄，以保持其獨尊地位。陳耀南教授又指出此篇多韻句，文體特異。

天有大命，人有大命。夫香美脆味，厚酒肥肉，甘口而疾形；曼理皓齒，說[1]情而損精。故去甚去泰，身乃無害。權不欲見，素[2]無為也。事在四方，要在中央。聖人執要，四方來效。虛而待之，彼自以[3]之。四海既藏[4]，道陰見陽[5]。左右既立，開門而當。勿變勿易，與二[6]俱行，行之不已，是謂履理也。[7]

註釋

1 說：通「悦」，愉悦。

2 素：本色、本質。

3 以：用。

4 藏：包藏，指天下平安。

5 道：由。

6 二：指天和人的自然法則。陰陽：指靜態與動態，喻君主靜觀而臣下行動。

7 據馬世年《「韓非子」的成書及其文學研究》，第六章第三節，此段用韻順序為：命、命、形、精（耕部）；泰、害（月部）；見、為（歌元對轉）；方、央（陽部）；要、效（宵部）；待、以（之部）；藏、陽、當、行（陽部）；已、理（之部）。

部）。全篇的全部用韻及其所屬韻部，均見於第一九五至一九八頁。

譯文

天有天的自然法則，人也有人的自然法則。甘香鬆脆的味道，醇厚的美酒，肥嫩的肉塊，可口但有害健康；肌膚細嫩、晶亮牙齒的美女，令人愉悅但耗人精力。所以任何事情都避免過度，生命才不受損害。此外，君主的權勢不要張揚，應該保持自然無為。政事在地方施行，關鍵卻把握在中央。聖明的君主執掌著關鍵，四方臣民都自然來效勞。君主虛心冷靜地對待臣下，臣下便會根據規章辦好事情。天下既已平安無事，君主就可以從靜態中觀察臣下的種種情態。文武官員既經一一設置，君主就可以開誠佈公而且處事允當。君主不要隨私意變更改動，只按照天和人的自然法則去行動。政務不停地推行下去，這就叫遵循事理。

夫物者有所宜，材者有所施，各處其宜，故上下無為。使雞司[1]夜，令狸執鼠，皆用其能，上乃無事。上有所長，事乃不方[2]。矜而好能[3]，下之所欺；辯惠[4]好生，下因其材。上下易用[5]，國故不治。

註釋

1 司：通「伺」，看守。

2 不方：不配合，即內外不相應，事情辦不成。

3 矜：驕矜自誇。好能：好勝逞強。

4 辯惠：自恃聰明才智。如商紂的「予智自雄」。

5 易用：變更作用。

譯文

事物有它適宜的用處，才能有它施展的地方，當各自處在它適宜的地方，因此君臣上下就可以無為而治。讓雄雞啼叫、掌管夜間的時辰，讓貓來捕捉老鼠，人人都用其所能，君主就能夠無為而治了。君主如果刻意地顯示自己的特長，政事就不能辦成。君主如果驕矜自誇又好勝逞強，臣下就可以欺騙他。君主喜歡賣弄才智又任性胡為，臣下可以利用來做壞事。君臣的工作變更顛倒，國家就不能治理好了。

用一之道[1]，以名[2]為首。名正物定，名倚物徙。故聖人執一[3]以靜，使名自命，令事自定[4]。不見其采[5]，下故素正。因而任之，使自事之；因而予之[6]，彼將自舉之；正與處之，使皆自定之。上以名舉之，不知其名，復修[7]其形[8]。形名參同[9]，用其所生。二者誠信，下乃貢情。

註釋

1 一：就是道，指君主治理國家的原則。韓非發展了《老子》的學說，下文提出「道無雙，故曰一」的命題。這和老子主張「道生一」的觀點，已有所不同。
2 名：名稱或名義。
3 執一以靜：執行「道」的原則並以冷靜的態度處理政務。
4 事自定：事情要讓它自身的性質去確定。
5 采：才能。
6 予之：授予任務或工作。
7 修：考察
8 形：行為。
9 參同：參驗查證。

譯文

運用「道」的方法，要把確定名稱放在首位。名稱恰當，事情就能確定；名稱不恰當，事情就會偏差走樣。所以聖人執行「道」的原則並以泠靜的態度處理政務，名稱要由它所反映的內容去確定，事情要由它自身的性質去確定。君主不表現自己的才能，臣下也就樸素方正。君主根據臣下的才能加以任用，使他們自行辦事。君主根據臣下的言論決定給予任務，他們將會自行完成。恰當地安排他們，使他們都能自動地盡職盡責。君主根據臣下的主張選拔他們，如果不清楚他們的主張是否恰當，那就再考察他們的行動。主張和行動經過君主綜合審定，然後酌情給予賞罰。賞罰都確實可信，臣下就會盡心盡力辦事。

賞析與點評

「夫物者有所宜……上下無為」，「聖人執一以靜」，此道家理想，用於法家，所謂「黃老之術」即此，但專制之主，誰甘無為？世襲庸主，又誰能明聖？韓非不能解也。

謹修所事，待命於天。毋失其要，乃為聖人。聖人之道，去智與巧。智巧不去，難以為常[1]。民人用之，其身多殃；主上用之，其國危亡。因天之道，反[2]形之理，督參鞠之[3]，終則有始。虛以靜後，未嘗用己。凡上之患，必同其端[4]；信而勿同，萬民一從。

註釋

1 常：常規，指長久維持正常秩序。
2 反：回復，推及。
3 督：考察。鞠：通鞫，尋根究底。
4 端：方面，指事物的一個方面。

譯文

謹慎地處理政事，順應自然規律去起作用。不喪失綱領，才有可能成為聖人。聖人之道，要排除自己的智和巧；如果智巧不能排除，就難以長久維持常規。平民使用智巧，自身多有災殃；君主使用智巧，國家就會危亡。遵循自然的普遍規律，推及事物的具體道理，尋根究底地考察事物，這樣的終而又始，反覆不已。

君主虛靜的在臣下後面觀察，從不表現自己的意見和行動。凡是君主遇到的毛病，就在於肯定地贊同片面的意見；態度真誠而又不輕易贊同片面的東西，全國民眾就會一致信從君主了。

夫道者，弘大而無形；德[1]者，核理而普至[2]。至於群生[3]，斟酌[4]用之，萬物皆盛，而不與其寧[5]。道者，下周[6]於事，因稽[7]而命，與時死生。參名異[8]事，通一[9]同情。故曰：道不同於萬物，德不同於陰陽[10]，衡不同於輕重，繩不同於出入，和[11]不同於燥濕[12]，君不同於群臣。凡此六者，道之出也。道無雙，故曰一。是故明君貴獨道之容[13]。君臣不同道，下以名禱[14]。君操其名，臣效其形，形名參同，上下和調也。

註釋

1 德：指具體事物的本質，是韓非借用老子的術語，與儒家指德行不同。

2 覈理：內涵著道，即體現著大道。普至：普遍存在。

3 群生：天地萬物

4 斟酌：或多或少地滲透推演。

5 寧：息，指「道」與「德」的運用造成了天地間種種事物，但卻不與之一同停息。這是道家的重要概念。

6 周：普遍。

7 稽：考察。

8 異：差異。

9 通一：實質是一致的、相同的。

10 陰陽：指事物相互對立、消長的正反兩面。

11 和：據《爾雅．釋樂》指小型的笙，是一種調校音律的工具。

12 燥濕：指空氣中的濕度的不同而影響聲音的變化。

13 獨道之容：尊重道的獨一無二的作用。

14 禱：求取，指臣子希望獲得君主委以相關的任務。

譯文

道，是弘博廣大而沒有形狀的；德，是內含道理而普遍存在的。至於萬事萬物，都會自然而然地汲取一定量的道和德，都會發展興盛而不能像道和德一樣安溫寂靜。道普遍存在於天地萬物之中，或多或少地滲透推演成各種事物。具體的一事一物則隨著時間的推移而產生、死亡。比較研究不同的名稱，萬事萬物是有差異的，但從道的角度來看，它們的實質是共同的。所以說：道和它所生成的萬物不相同，德和它所包含事物對立、消長不相同，衡器和它所衡量的輕重不相同，墨線和它所矯正的彎曲不相同，調校音律的小笙與濕度不同而影響聲音變化不相同，君主和他所任用的臣子不相同。所有這六種情況都是道衍化出來的。道是獨一無二的，所以說它是一。因此，明君尊重道的獨一無二的作用。君主與臣子是不同「道」的，臣下用主張向君主尋求委任和授權，君主則掌管大權並考核其主張，而臣下自然效忠盡力有所建樹。如此，事功和主張便可以互相配合，君主和臣下便能和諧融洽了。

賞析與點評

「道者，下周於事，因稽而命，與時死生。參名異事，通一同情。」與莊子〈德充符〉說：「自其異者視之，肝膽胡越也；自其同者視之，萬物皆一也」和惠施說「萬物畢同畢異，此之謂大同異」（見〈莊子．天下篇〉），均有相通之處。此外，「道不同於萬物，德不同於陰陽，衡不同於輕重，繩不同於出入，和不同於燥濕，君不同於群臣。」這種論述方式也見於《禮記．學記》，即：「鼓無當於五聲，五聲弗得不和。水無當於五色，五色弗得不章。學無當於五官，五官弗得不治。師無當於五服，五服弗得不親。」恰有異曲同工之巧。

凡聽之道，以其所出[1]，反以為之入；故審名以定位，明分以辯類[2]。聽言之道，溶若甚醉[3]。脣乎齒乎，吾不為始乎[4]；齒乎脣乎，愈惛惛[5]乎。彼自離之[6]，吾因以知之。是非輻湊，上不與構[7]。虛靜無為，道之情也；參伍比物[8]，事之形也。參之以比物[9]，伍之以合虛[10]。根幹不革[11]，則動泄[12]不失矣。動之溶之[13]，無為而攻之。喜之，則多事；惡之，則生怨。故去喜去惡，虛心以為道舍。上不與共之，民乃寵之；上不與義之，使獨為之。上因閉內扃[14]，從室視庭，咫尺已具，皆之其處。以賞者賞，以刑者刑，因其所為，各以自成。善惡必及，孰敢不信？規矩既設，三隅[15]乃列。

註釋

1 出：臣下的主張。
2 辯：通「辨」，即區分。類：類別，指賢能或不肖，優和劣。
3 溶：通「容」，即外貌。醉：酒醉，指假裝糊塗，神志迷罔。
4 唇齒：指說話。始：首先。全句指君主不會首先說話。
5 惛惛：糊塗。
6 離之：陳述和分析相關主張。
7 構：連結。
8 參伍：指多方考察。比物：拿各種事物比較。
9 比物：即類比法。
10 合虛：即歸納法。
11 根幹：比喻道。不革：不改變。
12 泄：借為歇，意為靜息；動泄即動靜。
13 動之：喻水的湍動。溶：喻水的安流。意即指動和靜。
14 內：通納。扃：關門。比喻君主深藏不露。
15 三隅：其他。《論語．述而》說：「舉一隅而不以三隅反，則不復也。」

譯文

君主聽察的方法是，根據臣下發表的言論，反過來考察他們的實效。所以要審核言論來確定職務的委任，考察他們的職分及辨別其優劣。聽察言論的一般原則，君主要像大醉一樣糢糢糊糊。群臣紛紛動嘴動舌，我總也不先開口；群臣紛紛動嘴動舌，我越發裝得糊糊塗塗。讓他們自己去條分縷析，我從而加以了解；是非一起集中上來，君主卻不表示意見。保持虛靜無為，這才是「道」的真諦。交錯地衡量比較各類事物，才可了解事物的實際情況。從聯繫比較中檢驗事物，從歸納比較中發現規律。如果根本規律不加變更，任憑事物怎樣變化也不會出現失誤。任憑事物怎樣變化，君主仍用無為而治的原則加以處理。君主對於臣下，若表示喜愛，臣下就會獻媚而多事；君主若表示厭惡，臣下就會生怨和怠荒。所以要摒除愛憎，使內心空虛無物，根據「道」來行事。君主不和臣下共事，臣下才會尊敬君主；君主不和臣下議論，要讓他們獨自去做。君主虛靜無為，好像關閉了門戶，從室內觀察庭院，近在咫尺，盡在眼前。如此，臣下該賞的獎賞，該罰的處罰，根據他們的各自表現，受到相應的處置。為善一定受到獎賞，為惡一定受到處罰，誰還敢不竭誠盡力？法度規章既經設置，其他方面從而確定。

主上不神[1]，下將有因；其事不當，下考其常。若天若地[2]，是謂累解[3]。若地若天，孰疏孰親？能象天地，是謂聖人。欲治其內[4]，置而勿親；欲治其外[5]，官置一人；不使自恣，安得移并[6]？大臣之門，唯恐多人。凡治之極，下不能得[7]。周合刑名，民乃守職；去此更求，是謂大惑，猾民愈眾，姦邪滿側。故曰：毋富人而貸焉，毋貴人而逼焉，毋專信一人而失其都國焉；腓大於股[8]，難以趣走。主失其神，虎[9]隨其後。主上不知，虎將為狗。主不蚤止，狗益無已。虎成其群，以弒其母[10]。為主而無臣，奚國之有！主施其法，大虎將怯；主施其刑，大虎自寧。法刑苟信，虎化為人，復反其真[11]。

註釋

1 神：神秘莫測。

2 若：仿效。若天若地，指君主效法天地的不可測度及其代表的自然法則。

3 累：綁縛。解：消解。指各種憂患自然消解。

4 內：指宮中的妃嬪姬妾和僕役。

5 外：指宮外的官吏。

6 移并：侵佔。

7 得：指結黨營私。

8 腓：小腿。股：大腿。指大臣控制了君主。

9 虎：猛虎，喻姦臣。

10 毋：比喻君主。

11 真：本來的面貌。

譯文

君主不能神祕莫測，臣下就會有所憑藉；君主行事不能得當，臣下將會引為成例。如天如地，該賞就賞，該罰就罰；如地如天，哪個疏遠，哪個親近？能像天地一樣，才能稱為聖人。想治好宮中，要設置官員但不可親近；想治好宮外，要每個官職只設置一人。不讓他們肆意妄為，他們怎能越職侵權？大臣的門下，就怕人多勢大。凡是極佳的治理狀態，就是臣下不能結黨營私；名實切合，臣民才會安守本分。丟掉這些另尋出路，就是最大的迷惑；刁民就會越來越多，姦臣就會遍佈君側。所以說，不要使人太富裕，自己反而去借貸；不要使人太顯貴，自己反而受逼迫；不要專門信任一個人，自己反而喪失國家。小腿比大腿粗，難以快跑。君主失去神祕莫測，老虎就會跟隨其後。君主仍不察覺，老虎就會偽裝成狗。君主不能及早制止，狗就會不斷增加。等到老虎成了群，就會共同殺掉君主。做君主的沒有忠於自己的臣子，還擁有什麼國家呢？君主施行他的法令，大虎就會害怕；君主施行他的刑罰，大虎自會服貼。法令刑罰如果堅決執行，老虎就會重新變成人，恢復他做臣子的本貌。

欲為其國，必伐其聚[1]；不伐其聚，彼將聚眾。欲為其地，必適其賜[2]；不適其賜，亂人求益。彼求我予，假仇人斧；假之不可，彼將用之以伐我。黃帝[3]有言曰：「上下一日百戰。」下匿其私，用試其上；上操度量，以割其下。故度量之立，主之寶也；黨與之具，臣之寶也。臣之所不弒其君者，黨與不具也。故上失扶寸，下得尋常[4]。有國之君，不大其都[5]；有道之臣，不貴其家。有道之君，不貴其臣；貴之富之，彼將代之。備危恐殆，急置太子，禍乃無從起。內索出圉[6]，必身自執其度量。厚者虧之，薄者靡之。[7]虧靡有量，毋使民比周[8]，同欺其上。虧之若月，靡之若熱[9]。簡令[10]謹誅，必盡其罰。

註釋

1 聚：叢生的草木，喻朋黨。

2 賜：賞賜。

3 黃帝：傳說中古代的聖王，被尊為華夏民族的共祖。

4 尋常：八尺一尋，兩尋為一常。喻君主只要稍有偏差，臣下就會大加利用。

5 都：城邑。此即《左傳・隱公元年》祭仲規勸鄭莊公，說：「都，城過百雉（指三百丈的城牆），國之害也。」

6 內索出圉：宮內搜索壞人，宮外防備姦臣。

7 虧：減少，損耗。靡：增加。

8 比周：緊密勾結，喻結黨營私。

9 熱：物體受熱，指逐漸增加。

10 簡令：簡明清晰的法令。

譯文

想治理國家，必須除掉朋黨；不除掉朋黨，他們將越聚越多。想治理國家，必須賞賜適當；賞賜不當，亂臣就會要求更多。他要什麼我給什麼，是借給仇人斧頭；借給仇人是不行的，他將用斧頭來砍我。黃帝曾說：「君臣之間一天內就有上百次衝突。」臣下隱藏私情，用來試探君主；君主掌握法度，用來制裁臣下。所以律令的設立是君主的法寶；朋黨的形成是臣下的法寶。臣下不殺君主的原因，只是朋黨還未形成。所以君主失掉一寸，臣下就得到一丈。統治國家的君主，不使封出去的城邑擴大；服從法治的大臣，不使屬下的私家顯貴。懂得治國之道的君主，不使他的臣下顯貴；如讓他們貴了富了，他們將取代君主。防備危險，怕出亂子，趕緊設立太子，禍患就無從發生。宮內搜索壞人，宮外防備姦臣，君主必須親自掌握法度。對爵高祿厚的人要加以削減，對爵低祿薄的人要予以增加；減少和增加都要有分寸。不要使臣民緊密勾結，共同欺侮君主。減少爵祿像月亮般逐漸虧蝕，增加爵祿像物體受熱般逐漸增大。簡明法令，謹慎誅罰，該罰的都一定要罰。

毋弛而弓，一棲兩雄。一棲兩雄，其鬥㘖㘖，豺狼在牢，其羊不繁。一家二貴[1]，事乃無功。夫妻持政，子無適從。為人君者，數披其木[2]，毋使木枝扶疏[3]；木枝扶疏，將塞公閭，私門將實，公庭將虛，主將壅圍。數披其木，無使木枝外拒；木枝外拒，將逼主處。數披其木，毋使枝大本小[4]；枝大本小，將不勝春風；不勝春風，枝將害心。公子[5]既眾，宗室[6]憂吟。止之之道，數披其木，毋使枝茂。木枝數披，黨與乃離。掘其根本，木乃不神[7]。填其洶淵[8]，毋使水清[9]。探其懷[10]，奪之威。主上用之，若雷若雷[11]。

註釋

1 二貴：有兩個發號施令的主人。即古諺說：「一國三公，無所適從。」

2 數：頻密地。披：剪削。木：樹枝，即黨與；即君主必須經常削剪臣下的依附者。

3 扶疏：茂密。

4 枝：樹枝，喻臣下。本：樹的主幹，喻君主。

5 公子：君主的眾子，大多有封地和權位。

6 宗室：指大宗祭祀的祖廟，喻君主的嫡長子孫，將來繼承君位的人。

7 不神：不生長，即奄奄一息。

8 淵：深水，喻匿姦的地地方。

9 清：激，奔騰。

10 懷：陰謀。

11 若雷若雷：喻君主迅疾果斷地鏟除威脅。

譯文

不要放鬆你的弓，也防止一個窩裏有兩隻雄鳥。一窩棲居雙隻雄鳥，必然發生爭鬥。豺狼在羊圈裏，羊就不會增多。一家有兩個尊貴的，事情就會沒有成效。夫妻共同當家，孩子就無所適從。做君主的，要像經常劈削樹木一樣整治臣下，不要使樹木枝葉茂密；樹木枝葉茂密，將會充塞官府；私門將會富實，公門將會空虛，君主將受蒙蔽。君主必須經常劈削樹木，不要使樹枝向外伸展；權臣的勢力如繁密的樹枝向外伸展，將會威逼君位。經常劈削樹木，不要使枝粗幹細；枝粗幹細，將會經不住春風；經不住春風，樹枝將會損害樹心。公子既多，大宗憂歎。制止的辦法，就是經常劈削樹木，不要使枝葉茂盛。樹木經常劈削，朋黨才會離散。掘掉樹根，樹木就沒有生氣了。填塞洶湧深淵，不要讓水奔騰咆哮。探測臣下的陰謀，剝奪臣下的威勢。君主使用起威勢來，要像雷電般果斷迅速。

賞析與點評

「一家二貴，事乃無功。夫妻持政，子無適從。」至理明言，西人經典亦有之，問題在誰當為貴，如何審定。

觀行

本篇導讀——

本篇原為第二十四篇，題目是〈觀行〉，指觀察自己和別人的行為。此篇篇幅特短，但其觀點則十分重要，是韓非思想的主要組成部分。韓非認為每個人的才能都有明顯的局限性，所以君主必須對此有充分的認識。君主應仿效天道自然，秉持「以有餘補不足」來治國，不應對臣下求全責備，並要「因可勢，求易道」地順應客觀形勢，找出達致成功的法則。君主宜以法、術來觀察臣下的言行，以便獲取成功。

古之人目[1]短於自見，故以鏡觀面，智[2]短於自知，故以道[3]正己。故鏡無見疵之罪，道無明過之惡。目失鏡則無以正鬚眉，身失道則無以知迷惑。西門豹[4]

之性急，故佩韋[5]以自緩；董安于[6]之性緩，故佩弦[7]以自急。故以有餘補不足，以長續短之謂明主。

註釋

1 目：眼睛。

2 智：才能智慧。

3 道：指韓非提倡的客觀規則，即法術。

5 西門豹：戰國初期魏國重要的地方官員。他任鄴令時，曾積極發展水利工程，促進了農業生產，並革除「河伯娶婦」的惡俗。

5 韋：柔韌的皮帶。

6 董安于：春秋末期趙簡子的家臣，以善於計謀著稱。

7 弦：繃緊的弓弦。

譯文

古代的人，眼睛不便於觀看自己的容貌，所以要利用鏡子看清楚自己的儀容；人的才能智慧不容易認識自己的優缺點，所以要利用客觀規則來指導自己的行為。

鏡子沒有照出瑕疵的罪過，客觀規則也沒有因為發現缺點而受到批評。眼睛離開鏡子，就不能修整鬍子眉毛；人們離開了客觀規則，就不能辨別是非。西門豹性情急躁，所以佩帶柔韌的皮帶來提醒自己從容；董安于性情遲緩，所以佩帶繃緊的弓弦來鞭策自己敏捷。所以用多餘補充不足；用別人的長處補充自己的短處就可稱為英明的君主。

天下有信數[1]三：一曰、智有所不能立[2]；二曰、力有所不能舉；三曰、彊[3]有所不能勝。故雖有堯之智而無眾人之助，不立大功；有烏獲[4]之勁而不得人助，不能自舉[5]；有賁育[6]之彊而無法術，不得長勝。故勢有不可得，事有不可成。故烏獲輕千鈞而重其身[7]，非其重於千鈞也，勢不便也。離朱易百步而難眉睫[8]，非百步近而眉睫遠也，道不可也。故明主不窮[9]烏獲，以其不能自舉；不困[10]離朱，以其不能自見。因可勢[11]，求易道[12]，故用力寡而功名立。時有滿虛，事有利害，物有生死，人主為三者發喜怒之色，則金石之士[13]離心焉。聖賢之測淺深[14]矣。故明主觀人，不使人觀己。明於堯之不能獨成，烏獲之不能自舉，賁育之不能自勝，以法術，則觀行之道畢矣。

註釋

1 信數：必然之理。

2 立：成就事業。

3 彊：古「強」字。

4 烏獲：戰國時的大力士。

5 自舉：自己抬起自己。

6 賁育：孟賁和夏育，都是古代著名的勇士。

7 鈞：三十斤。重其身：覺得自己很重。

8 離朱：即孟子所說的離婁，傳說是古代視力最好的人。眉睫：比喻最近的地方。

9 窮：指責，批評。

10 困：為難，刁難。

11 因：因應，依循。可勢：可行的形勢。

12 求：尋求。易道：易於實行的途徑。

13 金石之士：忠貞堅毅之士。

14 測，或作撲，今從陳啟天《韓非子校釋》作測。即聖賢對顯淺的事情，也深入的量度。

譯文

天下有三種必然之理：一是智者也有辦不成的事情，二是力士也有舉不起的物件，三是勇士也有戰不勝的對手。所以即使有唐堯的智慧，卻沒有眾人的輔佐，大功就建立不起來；有烏獲的力氣，卻得不到別人幫助，也不可能自己舉起自己；有孟賁、夏育的勇猛，卻沒有法術作為保障，仍不能總是取勝。所以形勢總有不具備的，事情總有辦不成的。所以烏獲以千鈞為輕而以自身為重，不是他的身體比千鈞重，而是形勢不允許。離朱易於看清百步之外的毫毛，卻難以看到自己的眉睫，並非百步近而眉睫遠，而是條件不允許。所以明君不因烏獲不能自舉而為難他，不因離朱不能自見而刁難他。順應可獲成功的形勢，尋求容易成功的途徑，所以用力少而輕易取得成功。時運有盛有衰，事情有利有害，萬物有生有死，君主對這三種變化表現出喜怒的樣子，那麼忠貞堅毅之士就會離心離德。只有聖賢的君主，對淺顯的事物也能深入的考量。聖賢的君主掌握了以上「觀行」的三大原則來觀察別人，而不讓別人觀察自己。明白唐堯不能單獨成功，烏獲不能舉起自己，孟賁、夏育不能勝過自我，運用法術則觀察臣下行為的道理就盡在其中了。

賞析與點評

本文篇幅特短，而不慍不火，入情入理，恐是早年尚在荀門之作。

三守

本篇導讀——

本篇原為第十六篇，題目是〈三守〉，指君主必須掌握的三大原則，即深藏不露以避免近習、權臣的窺伺，獨掌刑罰大權和親自理政。本篇特別指出君主若不能實踐以上三大原則，便會面對三劫，即君主的名位被大臣竊取，或大臣通過政事和專擅刑罰來攘奪了君主的權力。故〈三守〉強調人主獨掌權勢的重要，並必須防止人臣擅權的各種手段。君主能用三守，防三劫，就可以牢固地掌握政權。簡言之，本篇是提示君主如何駕馭群臣、鞏固權力的統治方法。

人主有三守[1]。三守完，則國安身榮；三守不完，則國危身殆。何謂三守？人

臣有議當塗[2]之失，用事[3]之過，舉臣之情，人主不心藏而漏之近習能人，使人臣之欲有言者，不敢不下適近習能人之心，而乃上以聞人主；然則端言直道之人不得見，而忠直日疏。愛人[4]不獨利也，待譽而後利之，憎人不獨害也，待非而後害之。然則人主無威，而重在左右[5]矣。惡自治[6]之勞憚，使群臣輻湊用事[7]，因傳柄移藉[8]，使殺生之機、奪予之要在大臣，如是者侵[9]。此謂三守不完。三守不完，則劫殺[10]之徵也。

註釋

1 三守：守衛君主大權的三個原則。
2 當塗：指執政官員。
3 用事：主管某些事務的大臣。
4 愛人：喜愛、受賞識的人。
5 左右：指常在君主身旁的親信。
6 自治：親自治理國事。
7 輻湊用事：聚在一起來管理國事。
8 柄：權柄。藉：通「阼」，勢位。

9 生殺予奪：統指君主的賞罰大權。侵：侵奪。

10 劫殺：君主被劫制和殺害。

譯文

君主保持權力有三大原則。君主完整地運用這三大原則，國家就會安定而自身榮貴；君主如不能實施三大原則，國家就會危亡而自身也極之危險。甚麼叫「三守」不完備？第一，人臣中有議論執政官員的過失，主持事務的官員的錯誤，以及那些喜歡阿諛奉承君主的臣子的隱衷。君主不把這些藏在心裏，反而泄漏給左右親信和善於鑽營的人。如此，臣子們如想向君主進言，便不得不先屈從於這些左右親信權貴，然後才向君主進言。這樣，講話正直、辦事誠實的人就不能見到君主，而忠誠耿直的人就慢慢被疏遠。第二，君主喜愛的人而不去獎賞他，反而等到別人讚譽他後才加以獎賞；君主憎惡一個人而不自行處罰他，反而等到別人攻擊他才去處罰他。這樣，君主就失去威勢而大權旁落了。第三，君主厭惡親自處理國事的勞累，使群臣共同處理，因而君主的權柄和勢位都轉移到臣下，使生殺予奪的權力控制在大臣手裏，君主的權力便受到侵害。以上所説就叫做三守不能保持。三守不能保持，就會出現劫制和殺害君主的朕兆啊！

凡劫有三：有名劫[1]，有事劫[2]，有刑劫[3]。人臣有大臣之尊，外操國要[4]以資群臣，使外內之事非己不得行。雖有賢良，逆者必有禍，而順者必有福。然則群臣莫敢忠主憂國以爭社稷[5]之利害。人主雖賢，不能獨計，而人臣有不敢忠主，則國為亡國矣，此謂國無臣。國無臣者，豈郎中[6]虛而朝臣少哉！群臣持祿養交，行私道而不效公忠，此謂明劫。鬻[7]寵擅權，矯外以勝內[8]，險言禍福得失之形，以阿[9]主之好惡。人主聽之，卑身輕國以資之，事敗則與主分其禍[10]，而功成則臣獨專[11]之。諸用事之人，壹心同辭[12]，以語其美[13]，則言惡者主必不信矣，此謂事劫。至於守司囹圄[14]，禁制[15]刑罰，人臣擅之，此謂刑劫。三守不完，則三劫者起。三守完，則三劫者止。三劫止塞[16]，則王矣。

註釋

1 名：原作明，據陳啟天《韓非子校釋》改。名劫是指君主的權力被大臣竊取了，再沒有臣子為他效忠。

2 事劫：竊取國家事務的權力。

3 刑劫：竊取國家刑罰的權力。

4 國要：國家大權。

5 社：土地神。稷：穀神，社稷代表國家。孟子說：「民為貴，社稷次之，君為輕」的「社稷」。

6 郎：通廊，指廟廊，代表朝廷。

7 鬻：賣。

8 矯：假託。外：外國，指諸侯。內：國內，指朝廷。

9 阿：迎合。

10 分其禍：把禍害的責任分給君主，即權臣逃避了責任。

11 獨專：獨佔成果。

12 壹心同辭：眾口一辭。

13 語其美：誇獎他的功勳。

14 囹圄：監獄。

15 禁制：法令。

16 止塞：杜絕。

譯文

君主有「三劫」：君主的名位被大臣偷偷地竊取，或大臣通過政事和專擅刑罰來攘奪了君主的權力。臣子有了顯要地位，掌握了國家大權，對群臣盡量給與利益，使朝廷內外的事情不通過自己就不能辦。凡是違逆他的一定遭禍，順從他的一定得福，即使有賢良的官吏，也不能再發揮作用。這樣，官員們都不敢忠愛君主，憂慮國事，為國家的利益服務。君主雖然賢明，已經不能獨自決策，而臣子又不敢效忠君主，那麼這就成為必將滅亡的國家了。這種國家，君主已沒有臣子。君主沒有臣子，並不是廊廟空虛，朝臣缺少，而是他們領取了俸祿，只求培植黨羽，營謀私利，而不再為君主效忠的。這就叫「名劫」。賣弄君主對他的寵愛，獨攬大權，假託外部勢力來制服內部，危言聳聽地渲染禍福得失的形勢，用來迎合君主的好惡。君主聽了，就是降低身份輕視國家來資助他們。事情失敗了，就讓君主承擔禍害；事情成功了，臣子就獨佔功勞。許多處理政事的人，眾口同聲地說他好，那麼再有人說他不好就一定不被君主所信了，這就叫「事劫」。至於職司監獄和掌管刑罰的，如果出現了臣下獨攬專斷的情況，這就叫「刑劫」。「三守」不完備，「三劫」就產生了；「三守」完備，「三劫」就禁止了。「三劫」既經禁止、杜絕，君主就可以統治天下了。

賞析與點評

「群臣莫敢忠主憂國以爭社稷之利害……此謂國無臣。」國家大政若由權貴完全壟斷，任何公正官員不能為國盡忠，則國將不國了。歷史上的東漢中後期和晚明，恰是處於這種困局中。由此而言，韓非的觀察其實是十分深刻的。

南面

本篇導讀——

本篇原為第十八篇，題目是〈南面〉，指君主必須堅持依法治國，否則臣下就會黨同伐異，惑亂君主的視聽，引致臣下能夠「背法專制」。文中指出君主必須彰明法度，不可「好大喜功」，以免被大臣蒙蔽愚弄，誘惑他去推行一些費大功少和名不符實的事情。

人主之過，在已任臣[1]矣，又必反與其所不任者備[2]之，此其說必與其所任者為讎[3]，而主反制於其所不任者。今所與備人者，且曩[4]之所備也。人主不能明法以制大臣之威，無道得小人[5]之信矣。人主釋[6]法而以臣備臣，則相愛者比周[7]而相譽，相憎者朋黨而相非[8]，非譽交爭，則主惑亂矣。人臣者，非名譽請謁[9]無以進取，非背法[10]專制無以為威[11]，非假[12]於忠信無以不禁[13]。三者惛[14]主壞法之資[15]也。人主使人臣雖有智能，不得背法而專制；雖有賢行，不得踰功[16]而先勞；雖有忠信，不得釋法而不禁。此之謂明法[17]。

註釋

1 任臣：聘用為官員。

2 備：防備。

3 讎：相反的意見。

4 曩：從前。

5 無道：沒有方法。小人：指一般平民百姓，無官職的人。

6 釋：放棄。

7 比周：勾結。

8 相非：互相攻擊、排斥。

9 名譽請謁：吹捧請託。

10 背法：違法。

11 無以為威：無法建立威信。

12 假：假裝，偽裝。

13 無以不禁：無法逃避法禁；此與上句「無以為威」相對。

14 惛：糊塗，迷惑。

15 資：手段。

16 踰功：立功之前。

17 明法：彰明法度。

譯文

君主的過錯，在於已經任用某人擔任職位，卻又回過頭來，與一些未被任用的人一起去監察他。這樣一來，這人的意見一定和這官員的意見相反，而君主反而受制於這個未被任用的人。現在偕同君主監察他的人，往往就是君主過去所要監察的人。君主不能彰明法令來控制大臣的威勢，就沒有方法得到平民百姓的信任。君主放棄法制而用一個臣子去監察另一個臣子，意見相近的人就會緊密勾結而相互吹捧，對於敵對的人就會拉幫結夥而予以攻擊。臣子之間的攻擊或吹捧不斷出現，君主就迷惑昏亂了。在這種情況下，做臣子的，不吹捧請托就不能得到更高的官位爵祿，不違背法制和擅權專斷就不能建立自己的威勢，不假借忠信之名就不能擺脱法禁；這三項，都是惑亂君主、敗壞法制的手段。君主要使臣下雖有智慧和才能，也不得違法專權；雖有賢能的行為，也不能在立功之前得到賞賜；雖有忠信的品德，也不能放棄法制而不受約束，這就叫彰明法度。

人主不誘於事[1]者，有壅於言[2]者，二者不可不察也。人臣易言事者，少索資，以事誣[3]主。主誘而不察，因而多之，則是臣反以事制主也，如是者謂之誘，誘於事者困於患。其進言少[4]，其退費多，雖有功，其進言不信，不信者有罪，事有功者必賞，則群臣莫敢飾言以惛主。主道者，使人臣前言不復[5]於後，後言不復於前，事雖有功，必伏其罪，謂之任下。

註釋

1 誘於事：指誘惑君主推行費大功少的事情。
2 壅於言：指臣下侈談事情不必多花力氣便可以獲取成功，但事後卻無法兑現。
3 誣：欺騙。
4 少：指代價少，效益多。

5 不復：不符合。

譯文

君主有被事情所迷惑的，有被言辭蒙蔽的，這二者是不可不注意的。臣子中把事情說得很輕易的人，認為代價很少，用來欺騙君主。君主受到誘惑而不加考察，反而誇獎他，臣下就反過來用事情控制了君主。這種情況就叫做誘惑，被事情所誘惑的就會被禍患所困窘。臣下對君主說，辦事需要的代價很少，而辦事時卻花費巨大，即使辦成了，他的話仍屬不可信。不可信的人有罪，故事情即使辦成了也不應給予賞賜，臣下便不敢用花言巧語來蒙蔽君主。做君主的原則是，如果臣下所說的和後來的結果不一致，或者後來說的和先前辦的不符合，事情即使辦成，也一定要使他追究，予以懲罰，這就是使用臣下的方法。

賞析與點評

「人主不誘於事者，有壅於言者」，會對國家治理造成很大的破壞。作為君主，韓非認為絕不能好大喜功，予智自雄，必須遵循天道不爽、無為而治的態度來統治。有些臣子欲奪取君主的信任，往往誘惑君主，滋長其野心，並強調事情輕而易舉，效益龐大。對於這些言論，統治者必行十分警惕。

人臣為主設事而恐其非也，則先出說設言曰：「議[1]是事者，妒[2]事者也。」人主藏[3]是言，不更聽群臣；群臣畏是言，不敢議事。二勢者用，則忠臣不聽而譽臣[4]獨任；如是者謂之壅於言，壅於言者制於臣矣。主道者，使人臣必有言之責，又有不言之責。言無端末[5]，辯無所驗[6]者，此言之責也；以不言避責，持[7]重位者，此不言之責也。人主使人臣言者必知其端[8]以責其實，不言者必問其取捨[9]以為之責，則人臣莫敢妄言矣，又不敢默然矣，言、默則皆有責也。

註釋

1 議：批評。

2 妒：嫉妒。

3 藏：善，喜歡。
4 譽臣：指徒有虛名的臣子。
5 言無端末：說話無頭無尾
6 辯：議論，觀點。驗：驗證，實現。
7 持：保持。
8 端：頭緒，原委。
9 取舍：舍通「捨」，指贊成和反對。

譯文

臣下為君主籌畫事情而恐怕別人批評，就預先說：議論這件事的人，就是嫉妒這件事的人。君主信從了，便不再聽取其他臣子的意見。臣子因害怕這種話，也不敢再加議論。這兩種情況會導致君主對不聽取忠臣的說話，反而專門任用那些徒有虛名的臣子。這樣就叫做被言論所蒙蔽。君主被言論所蒙蔽了，便受制於臣下。做君主的原則是，應使臣下一定負起說話的責任，又要負起不說的責任。說話無頭無尾、意見無從驗證的，這就要追究說話的責任；用不說話來逃避責任，保持重要權位的，這就要追究不說話的責任。君主對說話的臣子，一定要顯露出來龍去脈，從而責求他的實效；對不說話的臣子，必須問他贊成還是反對，從而明確他的責任。那麼臣子就不敢亂說，又不敢不說了，說話和沉默就都有了責任。

賞析與點評

人民有沉默的自由，有官守者則言默皆有責，此理甚當，問題只在最後向誰負責。

人主欲為事，不通其端末[1]而以明[2]其欲，有為之者，其為不得利，必以害反[3]。知此者，任理去欲[4]。舉事有道，計其入[5]多，其出[6]少者，可為也。惑主不然，計其入不計其出，出雖倍其入，不知其害，則是名得[7]而實亡。如是者功小而害大矣。凡功者，其入多，其出少，乃可謂功[8]。今大費無罪[9]而少得為功，則人臣出大費而成小功，小功成而主亦有害。[10]

註釋

1 **端末**：即始末，指事情的全部。

2 **明**：表露。

3 **必以害反**：即反而一定會受害。

4 **去欲**：君主必須排除自己的欲望，即不要自我表現。

5 **入**：收益，效果。

6 **出**：付出，花費。

7 **名得**：表面上的成果。

8 **功**：判斷為有實質效果的，可稱為「功」。

9 **大費**：耗費巨大。**無罪**：沒有被追究。

10 **按**：以下一段，陳啟天《韓非子校釋》認為「末節言變古嚴治，乃他篇錯入，非本篇原文」，今略去。

譯文

君主想做某件事，如沒有掌握全部情況，就把自己的想法表露出來，這樣做的話，不但沒有好處，反而一定會受害。君主懂得這些，就會順應客觀事理，不要自我表現。做事的基本原則，就是算來利益多、代價少的，就可以做。糊塗的君主不這樣，只算得利，不算代價，代價即使成倍地超過利益，也不知它的危害，這就是名義上得到利益而實際上卻失去利益。像這樣的話，就是功績小而危害大了。所謂功績，是它的利益多而代價少，才可稱做功績。現在耗費大的卻沒有被追究，而收效小的但仍被視為有功績，臣子就會不惜代價以獲取小的功績，小的功績取得了，而君主卻仍有所損失。

定法

本篇導讀——

本篇原為第四十三篇，題目是〈定法〉，主要討論法和術的重要意義。配合下篇〈難勢〉，構成法家學說的核心。文章首先通過設問手法，把商鞅和申不害的學說呈現於讀者面前：商君為法而申不害言術。「術者，因任而授官，循名而責實。」「法者，憲令著於官府，刑罰必於人心。」韓非指出二者皆帝王之具，缺一不可。然而，在實際操作上，二者各有其局限性，故效果仍然不顯著。韓非強調君主必須靈活運用法和術，避免臣下「知而不言」和「以勇力之所加而治智能之官」的缺點。

問者[1]曰：「申不害[2]、公孫鞅[3]，此二家之言孰急[4]於國？」應之曰：「是

不可程[5]也。人不食，十日則死；大寒之隆，不衣亦死。謂之衣食孰急於人，則是不可一無也，皆養生之具也。今申不害言術，而公孫鞅為法。術者，因任[6]而授官，循名而責實[7]，操殺生之柄，課[8]群臣之能者也。此人主之所執[9]也。法者，憲令著[10]於官府，刑罰必於民心，賞存乎慎法[11]，而罰加乎姦令者也。此臣之所師也。君無術則弊[12]於上，臣無法則亂於下，此不可一無，皆帝王之具也。」

註釋

1 問者：有人提問。本篇是韓非以設問方式來發揮其對法和術的見解。

2 申不害：法家重「術」理論的代表人，為韓昭侯相共十五年。術指權術或統治術。

3 公孫鞅：法家重「法」理論的代表人，為衛國的公族成員，入秦後因助秦孝公變法，封於商，故亦稱衛鞅或商鞅。

4 急：切要。

5 程：數學術語，原指量度米穀的多少，現引伸為比較、計量。

6 任：才能。

7 循名：遵循名義。責實：要求實效。

8 課：考課，考察。

9 執：掌握。

10 著：公佈。

11 慎法：謹慎地守法。

12 弊：受到蒙蔽。

譯文

有人提問：「申不害和商鞅，這兩家的學說哪一家對治理國家更急需？」韓非回答他說：「這是不能比較的。人不吃飯，十天就會餓死；在極寒冷天氣下，不穿衣服也會凍死。若問衣和食哪一種對人更急需，則是缺一不可的，都是維持生命所必需的條件。現在申不害提倡運用術而商鞅主張實行法。所謂術，就是依據才能授予官職，按照名位責求實際功效，掌握生殺大權，考核群臣的能力。這是君主應該掌握的。所謂法，就是由官府明文公佈，賞罰制度深入民心，對於謹慎守法的人給予獎賞，而對於觸犯法令的人進行懲罰。這是臣下應該遵循的。君主沒有術，就會在上面受蒙蔽；臣下沒有法，就會在下面鬧亂子；所以術和法缺一不可，都是稱王天下必須具備的東西。」

問者曰：「徒[1]術而無法，徒法而無術，其不可何哉？」對曰：「申不害，韓昭侯之佐[2]也。韓者，晉之別國[3]也。晉之故法[4]未息，而韓之新法又生；先君之令未收，而後君之令又下。申不害不擅其法[5]，不一[6]其憲令，則姦多。故利在故法前令，則道之，利在新法後令，則道之，利在故新相反，前後相悖，則申不害雖十[7]使昭侯用術，而姦臣猶有所譎[8]其辭矣。故托萬乘[9]之勁韓，十五年[10]而不至於霸王者，雖用術於上，法不勤飾[11]於官之患也。公孫鞅之治秦也，設告相坐[12]而責其實，連什伍[13]而同其罪，賞厚而信，刑重而必。是以其民用力勞而不休[14]，逐敵危而不卻，故其國富而兵強；然而無術以知姦，則以其富強也資人臣而已矣。及孝公、商君死，惠王即位，秦法未敗也，而張儀以秦殉韓、魏[15]。惠王死，武王即位，甘茂以秦殉周。武王死，昭襄王即位，穰侯[16]越韓、魏而東攻齊，五年而秦不益一尺之地，乃成其陶邑之封。應侯[17]攻韓八年，成其汝南[18]之封。自是以來，諸用[19]秦者，皆應、穰之類也。故戰勝則大臣尊，益地則私封立，主無術以知姦也。商君雖十飾[20]其法，人臣反用其資。故乘[21]強秦之資，數十年而不至於帝王者，法不勤飾於官，主無術於上之患也。」

註釋

1 徒：只有。

2 佐：助手，指擔任宰相。

3 別國：分出來的國家，指晉國一分為三，即韓、趙、魏三國。

4 故法：指晉國原來的法律。

5 不擅其法：指不專一推行新法。

6 一：劃一。

7 十：數之極，此指盡力。

8 詭：欺詐，詭辯。

9 萬乘：有戰車萬輛的大國。

10 十五年：原文作七十年，于省吾認為是十七年之誤。今據申不害相韓共十五年改正。

11 勤飾：經常整頓。

12 告相坐：告姦連坐。

13 連：連結。什伍：古代戶口管理單位，即五家為伍，十戶為什。如一家有姦，舉報則免罪，如不舉報，則共同治罪。

14 勞而不休：勞苦而不敢懈怠。

15 以秦殉韓魏：指犧牲秦國的利益以討好韓國和魏國。

16 穰侯：魏冉，昭襄王的舅父，四度為秦國的丞相，封於穰邑，後又加封陶邑。

17 應侯：范雎入秦，助昭襄王變法，因功封於應，號為應侯。

18 汝南：今河南省汝州市。

19 用：用事，即當權。

20 十飾：極力整飾。

21 乘：憑藉。

譯文

有人提問：「只用術而不用法，或只用法而不用術，這樣都不行，情形究竟如何呢？」韓非回答說：「申不害是韓昭侯的輔佐大臣，韓國是從晉國分出來的國家。晉國的舊法沒有廢除，而韓國的新法又已公佈；從前晉君的舊法令沒有收回，而韓君的新法令又已下達。申不害不專一地推行新法，不劃一韓國的法令，姦邪的事就增多了。所以姦人認為舊法令對自己有利，就依照舊法令行事；認為新法令對自己有利，就依照新法令行事；他們從舊法和新法的矛盾、前後政令的對立中取利，那麼申不害即使頻繁地讓韓昭侯運用術，姦臣仍然有辦法進行詭辯。所以，申不害憑藉兵力雄厚的強韓，經過十五年的努力還沒有成就霸業，就是因為君主雖然在上面用術，但沒有在官吏中經常整頓法令，結果帶來了害處。商鞅治理秦國，設立告姦和連坐的制度來考察犯罪的實情，使什伍之家同受罪責，該厚賞就一定厚賞，該重罰就一定重罰。因此秦民勞苦耕作，而不敢懈怠；追擊敵人，再危險也不退卻，結果使秦國國富民強，但是沒用術來識別姦臣，那不過是用秦國的富強幫助群臣罷了。等到秦孝公、商鞅死後，秦惠王繼位，美國的變法措施沒有廢除，而張儀犧牲秦國的利益以討好韓國和魏國。惠王死後，秦武王繼位，甘茂把秦國的力量犧牲在與周打仗上。武王死，秦昭襄王繼位，穰侯越過韓、魏兩國向東攻打齊國，經過五年，秦國沒有增加一尺土地，而穰侯卻增加了陶邑的封地。應侯范睢攻打韓國共八年，因功獲得了汝南的封地。打那時以後，許多在秦國執政的人，都是應侯、穰侯一類的人物。所以打了勝仗，大臣就尊貴起來；擴大地盤，就建立了私人的封地。這是君主不能用術去了解姦邪的緣故。商鞅縱然極力整飾法令，臣下反而利用了以自營私利。所以以秦國雄厚的實力，數十年還沒有成為帝王，就是因為官府雖然努力整頓法令，但在上面的君主卻不會運用統治術而產生禍患。」

賞析與點評

「韓者，晉之別國也。晉國的故法未息，而韓之新法又生。」治理一個國家，必須依法而治，而治貴整齊劃一，一視同仁。然而，韓國新法、舊法並存，確實做成政治上的混亂，必須認真處理。

問者曰：「主用申子之術，而官行商君之法，可乎？」對曰：「申子未盡於術，商君[1]未盡於法也。申子言：『治不踰官[2]，雖知弗言』。治不逾官，謂之守職也可；知而弗言，是謂過也。人主以一國目視，故視莫明焉；以一國耳聽，故聽莫聰焉。今知而弗言，則人主尚安假借[3]乎。商君之法曰：『斬一首者爵一級，欲為官者為五十石之官；斬二首者爵二級，欲為官者為百石之官。』官爵之遷[4]與斬首之功相稱[5]也。今有法曰：斬首者令為醫、匠。則屋不成而病不已。夫匠者，手巧也，而醫者，齊[6]藥也，而以斬首之功為之，則不當其能。今治官[7]者，智能也；今斬首者，勇力之所加[8]也。以勇力之所加，而治智能之官，是以斬首之功為醫、匠也。故曰：二子之於法術，皆未盡善也。」

註釋

1 按：原缺「未盡於術，商君」六字，今據梁啟雄《韓子淺解》補。

2 踰官：不應踰越出本職，近於孔子説的「不在其位，不謀其政。」

3 假借：憑藉，倚靠。

4 遷：升遷。

5 稱：互相配合。

6 齊藥：和藥，意指配藥。

7 治官：辦理官府的事情。

8 加：施展。

譯文

有人提問：「君主使用申不害的術，而官府實行商鞅的法，這樣可以嗎？」韓非回答説：「申不害的術不夠完善，商鞅的法也不夠完善。申不害説：『辦事不超越自己的職權範圍，越權的事即使知道了也不説。』辦事不超越職權範圍，可以説是守職；知道了不説，這是不告發罪過。君主用全國人的眼睛去看，所以沒有比他看得更清楚的；用全國人的耳朵去聽，所以沒有比他聽得更清楚的。假如知道了都不報告，那麼君主還靠什麼來做自己的耳目呢？商鞅的法令規定：『殺死一個敵人小頭目，升爵一級，想做官的給年俸五十石的官；殺死兩個敵人小頭目的，升爵兩級，想做官的給年俸一百石的官。』官職和爵位的提升跟殺敵立功的多少是相當的。如果有法令規定：『讓殺敵立功的人去做醫生或工匠。』那麼他房屋也蓋不成，病也治不好。工匠是有精巧手藝的，醫生是會配製藥物的，如果用殺敵立功的人來幹這些事，那就與他們的才能不相適應。辦理官府的事情，要具備智慧和才能；而殺敵立功的人，靠的卻是勇氣和力量。如果讓有勇氣和力量的人去擔任需要智慧和才能的官職，那就等於讓殺敵立功的人去當醫生、工匠了。所以說：申不害的術和商鞅的法，都還沒有達到很完善的地步。」

賞析與點評

「馬上得天下，不能馬上治天下。」「治國必用讀書人。」後世論政者亦同此調。問題在所讀何書、終極關懷在何處。

難勢

本篇導讀——

本篇原為第四十篇，題目是〈難勢〉，對慎到提出的「勢治」的論辯。「難」是韓非所首創的一種特殊文體，以駁斥舊說，提出新解為特徵。本文共分三大段，首段引述慎到的「勢論」，指出秉持權位的重要性，否定儒家的賢人政治。無論是帝堯、夏桀，他們對社會的重大影響均源於他們擁有的權位。第二大段[1]分為三小段，以儒家立場駁斥慎子的「勢論」，認為必須以賢能的君主來治理國家，並全面否定慎到的「勢論」。第三大段亦分為三小段，韓非針對儒家學者在第二大段的論點，予以徹底的駁斥。他特別提出儒家的說法局限於「自然之勢」的不足，因為他們沒有看到「人為之勢」。韓非更進一步以剖析了賢、勢的不相容，並指出任賢不如任

1 張素貞認為「第二段必須是假設對立性的詰難，才能緊扣題目，三段論辯，正負格局才顯得壁壘分明，針鋒相對，合於辯難體或議論程序。」，見氏著《韓非子難篇研究》，臺灣學生書局，1998，頁302。

勢的觀點。

慎子[1]曰：飛龍乘雲[2]，騰蛇遊霧，雲罷霧霽[3]，而龍蛇與螾螘[4]同矣，則失其所乘也。賢人而詘於不肖[5]者，則權輕位卑也；不肖而能服於賢者，則權重位尊也。堯為匹夫[6]，不能治[7]三人，而桀為天子，能亂天下，吾以此知勢位[8]之足恃，而賢智之不足慕也。夫弩弱而矢高者，激[9]於風也；身不肖而令行者，得助於眾[10]也。堯教於隸屬[11]，而民不聽，至於南面而王[12]天下，令則行，禁則止。由此觀之，賢智未足以服眾，而勢位足以詘賢者也。

註釋

1 慎子：名到，趙人，法家勢治理論的代表。他學黃老之術，著有《慎子》四十二篇，今有輯本行世。

2 乘雲：憑藉雲在空中飛行。

3 雲罷霧霽：即雲消霧散。

4 螾螘：即蚯蚓、螞蟻。

5 不肖：庸劣。

6 匹夫：庶民。

7 治：管理。

8 勢位：權勢地位。

9 激：力量增強。

10 眾：眾臣。

11 隸屬：奴隸，指堯在地位低下時。

12 王：音旺，動詞，指統治。

譯文

慎到說：飛龍乘雲飛行，騰蛇乘霧遊動，然而一旦雲開霧散，它們未免就跟蚯蚓、螞蟻一樣了，因為它們失去了騰空飛行的憑藉。賢人之所以屈服于不賢的人，是因為賢人權力小、地位低，不賢的人之所以能被賢人制服，是因為賢人的權力大、地位高。堯地位低微時，連三個奴隸也管不住；而桀作為天子，卻能搞亂整個天下：我由此得知，權勢地位是足以依賴的，而賢德才智是不足以羨慕的。弓弩力弱而箭頭飛得很高，這是因為藉助於風力的推動；自身不賢而命令得以推行，這是因為得到了眾人的幫助。堯地位低下時施行教化，平民百姓不聽他的；等他南面稱王統治天下的時候，就能有令則行，有禁則止。由此看來，賢智不足以制服民眾，而勢位是足以使賢人屈服的。

賞析與點評

慎子說：「堯為匹夫，不能治三人，而桀為天子，能亂天下。」很能指出權勢名位的重大政治作用。韓非反對賢人政治，認為只要加強制度的適切性，厲行依法治國，即使中下之才來治理國家，仍將得到良好的效果。畢竟要求人人都是堯舜、伯樂、王良、扁鵲、歐冶子，其實是不可能的。因此，韓非認為只有建立良好的法制，才是最高的帝王之術。

應慎子[1]曰：飛龍乘雲，騰蛇遊霧，吾不以龍蛇為不託於雲霧之勢也。雖然，夫釋[2]賢而專任勢，足以為治乎？則吾未得見也。夫有雲霧之勢而能乘遊之者，龍蛇之材[3]美也；今雲盛而螾弗能乘也，霧醲[4]而螘不能遊也。夫有盛雲醲

霧之勢而不能乘遊者，螾螘之材薄[5]也。今桀、紂南面而王天下，以天子之威為之雲霧，而天下不免乎大亂者，桀、紂之材薄也。

註釋

1 應慎子：回答慎子的勢治理論。這是假借儒家尊德尚賢的觀點來駁斥慎子。

2 釋：原作「擇」，據《韓非子集解》改；意為捨棄。

3 材：資質。

4 醲：通「濃」。

5 螾螘之材薄：指蚓蟻等因資質差，即使有雲霧也不能飛騰，喻在位者資質平庸。

譯文

有人責難慎到說：飛龍乘雲，騰蛇駕霧，我並不認為龍蛇是不依託雲霧這種勢的。雖說這樣，但捨棄賢才而專靠權勢，難道就可以治理好國家嗎？那我可是從來沒有見過。有了雲霧的依託，就能騰雲駕霧飛行，是因為龍蛇天生資質高；現在同是厚雲，蚯蚓並不能騰雲，同是濃霧，螞蟻並不能駕霧。有了厚雲濃霧的依託，而不能騰雲駕霧飛行，是因為蚯蚓、螞蟻天生資質低。說到夏桀、商紂南面稱王統治天下的情況，他們把天子的威勢作為依託，而天下仍然不免於大亂的緣故，正說明夏桀、商紂的資質平庸。

且其人以堯之勢以治天下也，其勢何以異桀之勢也，亂天下者也。夫勢者，非能必使賢者用己，而不肖者不用己也。賢者用之則天下治，不肖者用之則天下亂。人之情性[1]，賢者寡而不肖者眾，而以威勢之利濟亂世之不肖人，則是以勢亂天下者多[2]矣，以勢治天下者寡矣。夫勢者，便治而利亂[3]者也。故《周書》[4]曰：「毋為虎傅[5]翼。飛入邑，擇人而食之。」夫乘不肖人於勢，是為虎傅翼也。桀、紂為高臺深池[6]以盡民力，為炮烙[7]以傷民性，桀、紂得成肆行者，南面之威為之翼也。使桀、紂為匹夫，未始行一而身在刑戮矣。勢者，養虎狼之心而成暴亂之事者也，此天下之大患也。勢之於治亂本未有位也，而語[8]專言勢之足以治天下者，則其智之所至者淺矣。

註釋

1 性情：指一般人的質素。

2 多：指亂世多，因質素平庸的人多而資質優異的人少。

3 利亂：容易得到亂的結果。

4 周書：指《逸周書》，記周時誥誓號令的文獻。下文為《逸周書·寤儆篇》。

5 毋：不要。傅：添加；指不要為老虎添加翅膀，即俗語說的「如虎添翼。」

6 高臺深池：指窮奢極侈、濫用民力的宏偉建築。

7 炮烙：一種酷刑，把受刑者放在燒紅的銅格子上烤死。

8 語：指慎子的話。

譯文

再說慎到認為堯憑權勢來治理天下，而堯的權勢和桀的權勢沒有什麼不同，結果桀把天下擾亂了。權勢這東西，既不能一定讓賢人用它，也不能讓不賢的人不用它。賢人用它天下就太平，不賢的人用它天下就混亂。按人的本性說，賢的少而不賢的多，如果用權勢的便利來幫助那些擾亂社會的不賢的人，這種情況之下，用權勢來擾亂天下的人就多了，用權勢來治理天下的人就少了。權勢這東西，既便于治理天下，也有利於擾亂天下。所以《周書》上說：「不要給老虎添上翅膀，否則它將飛進城邑，任意吃人。」要是讓不賢的人憑藉權勢，這好比給老虎添上了翅膀。夏桀、商紂造高臺、挖深池來耗盡民力，用炮格的酷刑來傷害民眾的生命。桀、紂能夠胡作非為，是因為天子的威勢成了他們的翅膀。假使桀、紂只是普通的人，還沒有開始幹一件壞事，早就被處死了。可見權勢是滋長虎狼之心、造成暴亂事件的東西，也就是天下的大禍害。權勢對於國家的太平或混亂，本來沒有什麼固定的關係，可是慎到的言論專講權勢能用來治理天下，他的智力所能達到的程度是夠淺薄的了。

夫良馬固車，使臧獲[1]御之，則為人笑，王良[2]御之，而日取千里。車馬非異也，或至乎千里，或為人笑，則巧拙相去遠矣。今以國位[3]為車，以勢為馬，以號令為轡，以刑罰為鞭筴，使堯、舜御之，則天下治，桀、紂御之，則天下亂，則賢不肖相去遠矣。夫欲追速致遠[4]，不知任王良；欲進利除害，不知任賢能：此則不知類[5]之患[6]也。夫堯舜亦治民之王良也。

註釋

1 臧獲：奴隸。

2 王良：春秋末年的晉國人，以善於駕馭馬車而聞名。

3 國位：君位。

4 追速致遠：追：催迫；指催馬使速，而到達遠方。

5 類：事物性質相類似的；知類：指能夠類推。《學記》：「知類通達。」

6 患：毛病。

譯文

良馬堅車，讓奴僕駕馭就要被人譏笑，而讓王良駕馭卻能日行千里。車馬沒有兩樣，有的達到日行千里，有的卻被人譏笑，這是因為駕車的靈巧和笨拙相差太遠了。假如把國家當作車，把權勢當作馬，把號令當作轡繩，把刑罰當作馬鞭，讓堯、舜來駕馭天下就太平，讓桀、紂來駕馭天下就混亂，可見賢和不賢相差太遠了。要想跑得快走得遠，不知道任用王良；要想興利除害，不知道任用賢能；這是不懂得類比的毛病。堯、舜也就是治理民眾方面的王良。

復應之[1]曰：其人[2]以勢為足恃以治官[3]，客[4]曰：「必待賢[5]乃治」，則不

然矣。夫勢者名一而變無數[6]者也。勢必於自然，則無為言於勢矣[7]。吾所為言勢者，言人之所設[8]也。今曰堯舜得勢而治，桀紂得勢而亂，吾非以堯舜為不然也。雖然，非一人之所得設也。夫堯、舜生而在上位，雖有十桀、紂不能亂者，則勢治也；桀、紂亦生而在上位，雖有十堯、舜而亦不能治者，則勢亂也。故曰：「勢治者則不可亂，而勢亂者則不可治也。」此自然之勢也，非人之所得設也。若吾所言[9]，謂人之所得設也。若吾所言，謂人之所得勢也而已矣，賢何事焉？何以明其然也？客曰：「人有鬻[10]矛與盾者，譽其盾之堅，『物莫能陷[11]也』，俄而又譽其矛曰：『吾矛之利，物無不陷[12]也。』人應之曰：『以子之矛，陷子之盾，何如？』其人弗能應也。」以為不可陷之盾，與無不陷之矛，為名不可兩立[13]也。夫賢之為勢不可禁，而勢之為道也無不禁，以不可禁之賢，與無不禁之勢，此矛盾之說也。夫賢勢之不相容[14]亦明矣。

註釋

1 復應之：再次回答，指韓非對儒家學者批評勢論的駁斥。

2 其人：慎子。

3 官：官事。

4 客：指儒家學者。

5 待賢：儒家認為治國必待賢德之人。

6 變無數：變化很多。

7 按：此句指君主繼位是「自然之勢」，故不可改變，也不用討論。

8 人之所設：指「人為之勢」，是人主可以自由施為的。按：韓非認這勢可分為二，後者正是他要討論的。

9 言：分析，討論。

10 鬻：出售。

11 物莫能陷：陷，穿透，指任何東西都不能刺穿它。

12 物莫不陷：指它可以刺穿任何東西。

13 名：名稱。不可兩立：不能並存。即俗語說的「自相矛盾」。

14 賢勢不相容：賢與勢不相容，就好像矛和盾的理論。

譯文

韓非回答儒家學者說：慎到認為權勢是可以用來處理政事的，而你卻說「一定要等到賢人，才能治理好天下」，這是不對的。所謂權勢，名稱只有一個，但含義卻是變化無窮的。權勢一定要出於自然，那就用不著討論它了。我要談的權勢，是人為設立的。現在你說「堯、舜得了權勢天下就太平，桀、紂得了權勢天下就混亂。」我並不認為堯、舜不是這樣。但是，權勢不是一個人能夠設立起來的。假如堯、舜生來就處在君主的位置上，即使有十個桀、紂也不能擾亂天下，這就叫做「勢治」；假如桀、紂同樣生來就處在君主的位置上，即使有十個堯、舜也不能治好天下，這就叫做「勢亂」。所以說：「勢治」就不可能擾亂，而「勢亂」就不可能治理好。這都是自然之勢，不是人能設立的。像我說的，是說人能設立的權勢罷了，何必用什麼賢人呢？怎樣證明我的話是對的呢？某人講了一個故事，說：有個出售矛和盾的人，誇耀他的盾很堅固，就說「沒有東西能刺穿它」，一會兒又誇耀他的矛說：「我的矛很銳利，沒有什麼東西刺不穿的。」有人駁斥他說：「用你的矛刺你的盾，會怎麼樣呢？」他沒法回答。因為不能刺穿的盾和沒有東西刺不穿的矛，在道理上是不能同時存在的。按照賢治的原則，賢人是不受約束的；按照勢治的原則，是沒有什麼不能約束的。不受約束的賢治和沒有什麼不能約束的勢治就構成了矛盾。賢治和勢治的不能相容也就很清楚了。

且夫堯、舜、桀、紂千世而一出[1]，是比肩隨踵[2]而生也。世之治者，不絕於中[3]，吾所以為言勢者，中也。中者，上不及堯、舜，而下亦不為桀、紂。抱法處勢[4]，則治，背法去勢[5]，則亂。今廢勢背法而待堯、舜，堯、舜至乃治，是千世亂而一治也。抱法處勢而待桀、紂，桀、紂至乃亂，是千世治而一亂也。且夫治千而亂一，與治一而亂千也，是猶乘驥、駬[6]而分馳也，相去亦遠矣。夫棄隱栝[7]之法，去度量之數，使奚仲[8]為車，不能成一輪。無慶賞之勸，刑罰之威，釋勢委法[9]，堯、舜戶說而人辯[10]之，不能治三家。夫勢之足用亦明矣，而曰「必待賢」，則亦不然矣。

註釋

1 千世而一出：千百年才出現一次。

2 比肩隨踵：肩並肩，前腿跟後腿；指一個接一個地不斷出現，喻堯、舜、桀、紂這類特殊的人接連出現，算是很多了。

3 不絕於中：中等才能的君主不停出現。

4 抱法處勢：緊守法度，善用權勢。

5 背法去勢：背離法度、放棄權勢，即與「抱法處勢」相反。

6 驥、駬：著名的千里馬。
7 隱栝：矯正。
8 奚仲：傳說他是夏禹時的車正，擅長製車。
9 釋：捨棄。委：放下，廢毀；指放棄了權勢地位，又不廢毀法治。
10 辯：勸說。

譯文

同時，堯、舜、桀、紂這類人物，千百年才會出現一次，而堯、舜、桀、紂這類特殊的人接連出現，算是很多了。世上不斷出現中等才能的君主，我們要討論權勢的，就是為這些中主。中才的君主，上比不過堯、舜，下也不至於成為桀、紂。他們如能緊守法度，善用權勢，就可以使天下好。如果他們背離法度、放棄權勢，就會使天下騷亂。假如廢棄權勢、背離法度，等待堯、舜的出現，才使國家太平，這就會經歷千百年的混亂，才能有一次太平盛世。掌握法度，善用權勢，等待桀、紂，桀、紂出現才使國家混亂，這就會經歷千百年的太平，然後才有一世的騷亂。依此而論，經歷千百年的太平才有一次亂世，和騷亂千百年才有一次盛世相比，就像騎著千里馬背道而馳，相去是非常遠的。如果放棄矯正木材的工具，不用度量尺寸的技術，就是讓奚仲造車，也不能造出一個輪子。沒有獎賞的鼓勵，刑罰的威嚴，放棄了權勢，不實行法治，只憑堯、舜挨戶勸說，逢人辯論，連三戶人家也管不好，權勢的重要作用也夠明顯的了，而說「一定要等待賢人」，那也就不對了。

且夫百日不食，以待粱肉[1]，餓者不活；今待堯、舜之賢，乃治當世之民[2]，是猶待粱肉而救餓之說也。夫曰：「良馬固車，臧獲御之，則為人笑，王良御之，則日取乎千里」，吾不以為然。夫待越人之善游者，以救中國之溺人，越人善遊矣，而溺者不濟矣。夫待古之王良以馭今之馬，亦猶越人救溺之說也，不可亦明矣。夫良馬固車，五十里而一置，使中手御之，追速致遠，可以及也，而千里可日致也，何必待古之王良乎？且御非使王良也，則必使臧獲敗之；治非使堯、舜也，則必使桀、紂亂之，此味非飴蜜[3]也，必苦菜、亭歷[4]也。此則積辯累辭[5]，離理失術，兩末之議也，奚可以難夫道理之言乎哉？客議未及此論也。

註釋

1 粱肉：精美食品。

2 當世之民：現今的百姓。

3 飴蜜：糖漿和蜂蜜。

4 苦莱：苦菜。亭歷：即葶藶，草名；兩者味道都極苦。

5 積辯累辭：多費辯辭，違背事理。

譯文

況且一百天不吃去等待精美食品，挨餓的人就活不成；現在要等待堯、舜這些千百年才出現一次的賢人來治理現今的百姓，這好比等將來的精美食品來解救飢餓的說法一樣。客人說：「良馬堅車，讓奴僕駕馭就要被人譏笑，而讓王良駕馭卻能日行千里；」我不認為是對的。等待越國最會游泳的人拯救中原地區落水的人，越人固然善於游泳，但落水的人並不能得救。等待古代的王良來駕馭當今的車馬，也好比等待善於游泳的越人來救落水者的道理一樣，顯然也是行不通的。良馬堅車，再加上五十里設一個驛站，讓中等車伕來駕馭，要想跑得快走得遠，是可以辦到的，一千里路程一天就能到達，何必等待古代的王良呢？況且駕車，要是不用王良，就一定要讓奴僕們把事辦糟；治理國家，要是不用堯、舜，就一定要讓桀、紂把國家搞亂。這就好比品味，不是糖漿蜂蜜，就一定是苦菜葶藶。這也就是多費辯辭，違背事理，趨於極端的言論，怎能用來駁倒正確的主張呢？

客人的任賢說實際上比不上勢治理論啊。

賞析與點評

帝王或權貴日夜尋找千里名駒、干將寶劍、和氏寶璧、明月之珠、不死之藥，其實都只為了了滿足個人的奢望，並不一定有真實的需要。正如韓非很正確、很踏實的說：「良馬固車，五十里而一置，使中手御之，追速致遠，可以及也，而千里可日致也，何必待古之王良。」無奈古今都不缺少喜歡捕風繫影的妄人。

功名

本篇導讀——

本篇原為第二十八篇，題目為〈功名〉，主要是闡釋君主立功成名必須具備的四個條件：順天時、得人心、憑技能、據勢位。韓非特別強調君主保持權位的重要性，並與臣子互相配合。然而，君臣雖「同欲而異使」，但是君主必須居於支配地位。最後，在得到眾人、近者、遠者、尊者的協助下，君主更容易成就功名。這是對勢治學說的進一步發揮。

明君之所以立功成名者四：一曰天時，二曰人心，三曰技能，四曰勢位[1]。非[2]天時，雖十堯不能冬生一穗；逆人心，雖賁、育不能盡人力。故得天時則不務而自生，得人心，則不趣[3]而自勸；因技能則不急而自疾[4]；得勢位則不進[5]

而名成。若水之流，若船之浮，守自然之道，行毋[6]窮之令，故曰明主。

註釋

1 勢位：權勢地位。有關勢位的作用，詳見上一篇《難勢》。

2 非：違背。

3 趣：音趨，督促。

4 疾：快捷。

5 不進：不急於進取。

6 毋：通「無」。

譯文

英明的君主建立功名的四個條件：一是天時，二是人心，三是技能，四是勢位。違背天時，即使十個堯也不能讓莊稼在冬天裏結成一粒穗子；違背人心，即使孟賁、夏育也不肯多出力氣。所以順應了天時，即使不用很努力，莊稼也會自然生長；得到了人心，即使不用督促，人民也能自我勉勵；憑藉技能，即使不急於求成，事情也會很快完成；得到了勢位，即使不急於進取，功名也自然成就。治國要能好像水的流動，好像船的飄浮，只要把握自然之道，使法令暢通無阻，便可稱為英明的君主。

賞析與點評

「非天時，雖十堯不能冬生一穗。」現代農業科技進步，有超乎韓非所能想象的。因此，我們必須了解自己的局限，也要明白不能與可能之間，有無限的空間讓大家勇敢闖蕩和馳騁。

夫有材[1]而無勢，雖賢不能制不肖。故立尺材[2]於高山之上，下則臨千仞之谿[3]，材非長也，位高也。桀為天子，能制天下，非賢也，勢重也；堯為匹夫，不能正三家，非不肖也，位卑也。千鈞[4]得船則浮，錙銖[5]失船則沉，非千鈞輕錙銖重也，有勢[6]之與無勢也。故短之臨高也以位，不肖之制賢也以勢。人主者，天下一力以共載之，故安；眾同心以共立之，故尊。人臣守所長，盡所能，故忠。以尊主御忠臣，則長樂生而功名成。名實相持而成，形影相應而立，故臣主同欲而異使。人主之患，在莫之應，故曰，一手獨拍，雖疾無聲。人臣之憂，在不得一[7]，故曰：右手畫圓，左手畫方，不能兩成。故曰：至治之國，君若桴[8]，臣若鼓，技若車，事若馬[9]。故人有餘力，易於應，而技有餘巧，便於事。立功者不足於力，親近者不足於信，成名者不足於勢[10]。近者已親，而遠者不結，則名不稱實者也。聖人德若堯、舜，行若伯夷，而位不載[11]於世，則功不立，名不遂。故古之能致功名者，眾人助之以力，近者結之以成[12]，遠者譽之以名，尊者載之以勢。如此，故太山之功[13]長立於國家，而日月之名[14]久著於天地。此堯之所以南面而守名，舜之所以北面而效功[15]也。

註釋

1 材：通「才」。
2 尺材：高一尺的小樹。
3 臨：以高視下。仞：八尺。千仞之谿：喻極深的山谷。
4 鈞：三十斤，千鈞，喻極笨重之物。
5 錙銖：二十四分之一兩為錙，四錙為銖，喻極輕之物。
6 有勢：有所憑藉，指船的浮力。
7 不得一：不能專職。

8 桴：鼓槌

9 按：指君、臣、技、事四者配合得宜，政事自然順利推行。

10 按：據陳奇猷《韓非子新校注》，不足的「不」，通「丕」，即《書（經）．文侯之命》「丕顯文武」的「丕」，是語助辭，無義。因此，此句中三個「不足」解作「足」。

11 不載於世：不受世人擁戴的高位。

12 成：通「誠」。

13 太山之功：功績如泰山之盛。

14 日月之名：指威望如日月之隆。

15 效功：獻功效忠。

譯文

有才能而沒有權勢，即使是賢人，也不能制服不賢的人。所以在高山上樹立一尺高的小樹，就能俯臨千仞深的峽谷，小樹並不高，而是位置高。夏桀作天子，能控制天下，不是因為他賢，而是因為他權勢重；堯作為普通人，不能管理好三戶人家，不是因為他不賢，而是因為他地位卑下。千鈞重物依靠船就能浮起來，錙株輕物沒有船就沉下去，不是因為千鈞輕而錙銖重，而是因為有沒有依靠船的浮力這種勢的差別。所以小樹居高臨下憑藉的是位置，不賢者制服賢人憑藉的是權勢。做君主的，天下合力來共同擁戴他，所以穩定；天下齊心來共同推舉他，所以尊貴。臣下發揮特長，竭盡所能，所以忠誠。用尊貴的君主驅使忠誠的臣子，就會出現長治久安的局面，建立起功業和名望。名、實相依賴而成立，形、影相對應而出現，所以君臣願望相同而各自要做的事情不同。君主的禍患在於沒有人回應，所以說，一隻手單獨來拍，雖然很快，但發不出聲音來。臣子的憂患在於不能專職，所以說，右手畫圓的，左手畫方的，不能同時成功。所以說，治理得最好的國家，君主如同鼓槌，臣子如同鼓，技能如同車，事情如同馬，各種事情都十分配合。所以人有餘力容易回應召喚，技巧高超容易辦成事情。建立功業的人力量足夠，親近的人信任足夠，完成功名的人權勢足夠。如身邊的人已經親近，但遠方的人不交結，那就是名不符實了。聖人的道德如同堯舜，行為如同伯夷，權勢地位仍不足讓他們受世人的擁戴，就會功不成，名不立。所以古代能夠成就功名的人，眾人用力幫助他，身邊的人真心交結他，遠處的人用美名讚譽他，位尊的人用權勢擁戴他，正因如此，所以君主的功績如泰山之盛，威望就如日月之隆。這就是堯能南面稱王而保持名位，舜要北面稱臣而獻功效忠的原因。

亡徵

本篇導讀——

本篇原為第十五篇。亡徵，即亡國的徵兆。本篇共分兩段，第一段以大量歷史事例為證，指出國家可能覆亡的四十七種徵象。第二段指出君主如能以法制和統治術管理政事，便可避免國家的覆亡。同時，韓非認為更可藉此來兼併那些具有亡國徵兆的國家。

凡人主之國小而家大[1]，權輕而臣重[2]者，可亡也。簡[3]法禁而務謀慮[4]，荒封內[5]而恃交援者，可亡也。群臣為學[6]，門子好辯[7]，商賈外積，小民內困者，可亡也。好宮室台榭陂池，事車服奇器玩好[8]，罷露[9]百姓，煎靡[10]貨財者，可亡也。用時日，事鬼神，信卜筮而好祭祀者，可亡也。聽以爵，不以眾言參驗[11]，用一人為門戶[12]者，可亡也。官職可以重求，爵祿可以貨得者[13]，可亡也。緩心[14]而無成，柔茹[15]而寡斷，好惡無決[16]，而無所定立者，可亡也。饕[17]貪而無饜[18]，近利而好得者，可亡也。喜淫賞[19]而不周[20]於法，好辯說而不求其用，濫於文麗[21]而不顧其功者，可亡也。淺薄而易見，漏泄而無藏，不能周密而通[22]群臣之語者，可亡也。狠剛[23]而不和，愎諫[24]而好勝，不顧社稷而輕為自信[25]者，可亡也。恃交援而簡近鄰，怙[26]強大之救而侮所迫[27]之國者，可亡也。羈旅[28]僑士，重帑[29]在外，上閒[30]謀計，下與[31]民事者，可亡也。民信其相，下不能[32]其上，主愛信之而弗能廢者，可亡也。境內之傑，不事而求，封外之士，不以功伐課試[33]，而好以名問舉錯[34]，羈旅起貴[35]，以陵故常[36]者，可亡也。輕其適[37]正，庶子稱衡[38]，太子未定，而主即世[39]者，可亡也。大心[40]而無悔，國亂而自多[41]，不料境內之資，而易[42]其鄰敵者，可亡也。國小而不處卑，力少而不畏強，無禮而侮大鄰[43]，貪愎[44]而拙交[45]者，可亡也。太子已置，而娶於強敵以為后妻，則太子危，如是則群臣易慮[46]，群臣易慮者，可亡也。怯懾[47]而弱守，蚤見[48]而心柔懦，知有謂可，斷而弗敢行者[49]，可亡也。出君[50]在外，而國更置，質太子未反而君易子[51]，如是則國攜[52]；國攜者，可亡也。挫辱大臣而狎[53]其身，刑戮小民[54]而逆其使[55]，懷怒思恥而專習[56]，則賊生，賊生者，可亡也。大臣兩重[57]，父兄眾強[58]，內黨外援[59]，以爭事勢[60]者，可亡也。婢妾之言聽，愛玩之智[61]用，外內悲惋[62]而數行不法者，可亡也。簡侮大臣，無禮父兄，勞苦百姓，殺戮不辜[63]者，可亡也。好以智矯法[64]，時以私雜公[65]，法禁變易，號令數下者，可亡也。無地固[66]，城郭惡，無畜積，財物寡，無守戰之備，而輕攻伐[67]者，可亡也。種類[68]不壽，主數即世，嬰兒為君，大臣專制，樹羈旅以為黨[69]，數割地以待交[70]者，可亡也。太子尊顯，徒屬眾強，多大國之交，而威勢蚤[71]具者，可亡也[72]。變褊而心急[73]，輕疾而易動發[74]，心悁忿[75]而不訾[76]前後者，可亡也。主多怒而好用兵，簡本教而輕戰攻者，可亡也。貴人相妒，大臣隆盛，外藉敵國，內困百姓，以攻怨讎[77]，而人主弗誅者，可亡也。君不肖而側室賢，太子輕而庶子伉，官吏弱而人民桀[78]，如此則國躁[79]；國躁者，可亡也。藏怒而弗發，懸罪而弗誅，使群臣陰憎[80]而愈憂懼，而久未可知者，可亡也。出軍命將太重[81]，邊地任守太尊，專制擅命，徑為而無所請者[82]，可亡也。后妻淫亂，主母畜穢[83]，外內混通，男女無別，是謂兩主[84]；兩主者，可亡也。后妻賤而婢妾貴，太子卑而庶子尊，相室輕而典謁重[85]，如此則內外乖[86]；內外乖者，可亡也。大臣甚貴，偏黨[87]眾強，壅[88]塞主斷而重擅國者，可亡也。私門之官用[89]，軍馬之府黜[90]，鄉曲[91]之善舉者，官職之勞[92]廢，貴私行[93]而賤公功[94]者，可亡也。公家虛而大臣實[95]，正戶貧而寄寓[96]富，耕戰之士困，末作[97]之民利者，可亡也。見大利而不趨，聞禍端而不備，淺薄於爭守之事[98]，而務以仁義自飾[99]者，可亡也。不為人主之孝，而慕匹夫之孝，不顧社稷[100]之利，而聽主母之令，女子用國，刑餘[101]用事者，可亡也。辭辯而不法[102]，心智而無術[103]，主多能[104]而不以法度從事者，可亡也。親臣進而故人退，不肖用事而賢良伏，無功貴而勞苦賤，如是則下怨；下怨者，可亡也。父兄大臣祿秩過功[105]，章服侵等[106]，宮室供養太侈，而人主弗禁，則臣心[107]無窮，臣心無窮者，可亡也。公胥[108]公孫與民同門[109]，暴慠其鄰者，可亡也。

註釋

1 家：大臣的采邑，即封地。

2 按：指大權旁落。

3 簡：輕忽。

4 務：致力。謀慮：計謀，指君主好逞私智。

5 荒：荒殆，忽視。封內：封疆之內，即國內。

6 學：指私學，即百家之學。韓非主張「以吏為師」，禁止私學。

7 門子：卿大夫的嫡子，泛指貴族子弟。辯：辯駁，指華而不實的言論。

8 奇器，原缺「奇」字，據陳奇猷《韓非子新校注》補。奇器，奇物。

9 罷：通「疲」。露：通「勞」，即疲勞困頓。

10 煎靡：榨取揮霍。

11 參驗：比較檢驗。「參驗」是韓非一個核心的思想，主張事情必須經過考察查證，方可取信。

12 按：指通過一個人來溝通上下。

13 按：指官職可依靠權勢獲得，爵祿可用錢財買到。

14 緩心：辦事拖拖拉拉。

15 柔茹：柔軟，指軟弱怯懦。

16 無決：不能下決定。

17 饕：貪財。

18 饜：滿足。

19 淫賞：原作淫刑，據陳奇猷《韓非子新校注》改。淫賞，指過度賞賜不合符功勞的人，即濫賞。

20 不周：不合。

21 文麗：文采，辭藻。

22 通：透露。

23 狠：原作「很」。狠剛：倔強。

24 愎：剛愎。愎諫：不聽諫言。

25 輕為自信：很容易自以為是

26 怙：依恃，依仗。

27 迫：鄰近。

28 羈旅：寄寓。

29 幣：錢財。

30 閒：刺探。

31 與：干預。

32 不能：不容，不親近。

33 伐：功勞。課試：考核任用。

34 問：通「聞」，聲譽。舉：任用。錯：棄用。

35 羈旅：流寓的遊士，指來自別國的說客。起貴：擔任高位。

36 陵：超越。故常：任職很久的官員。

37 適：通「嫡」，嫡子。

38 稱衡：對抗。
39 即世：逝世。
40 大心：疏忽大意。
41 自多：自賢，以為自己了得。
42 易：輕視。
43 侮：侮辱。大鄰：強大的鄰國。
44 貪愎：貪婪固執。
45 拙交：不善處理外交。
46 易慮：改變原來的想法，原來大臣都支持太子的。
47 怯懾：畏懼強鄰。
48 蚤：通「早」。蚤見：指早見禍端。
49 知：通「智」。謂：以為。斷：決斷。指智慧認為可行，可是決斷力弱，不敢實行。
50 出君：君主出亡。
51 易子：另立太子。
52 攜：離。國攜：國人離異，即國人有了二心。

53 狎：親昵。

54 刑戮小民：指閹宦。

55 逆其使：違反常理地使用他。

56 專習：專任和親狎。

57 兩重：同時重用兩人。

58 眾強：人數眾多又強大。

59 內黨：國內結成朋黨。外援：交結外敵。

60 爭事勢：爭事情，爭權勢。

61 愛玩之智：弄臣的智計

62 內外：指群臣和老百姓。悲惋：悲痛惋惜。

63 不辜：無罪。

64 以智矯法：君主以私智改變國法。

65 時：經常。以私雜公：以私行去混淆公務。

66 地固：險固的地形。

67 輕功伐：輕易發動戰爭。

68 種類：王族壽命。

69 樹：扶植。羈族：外來說客。黨：黨與。

70 待交：維持外交關係。

71 蚤：通「早」。

72 按：此言太子樹立了自己的勢力，足以威脅君主。此說可參看本書的《備內》篇。

73 變偏而心急：指度量狹少，性情急躁。

74 輕疾而易動發：處理事情輕率而易衝動。

75 悁忿：怨忿。

76 訾：考慮。

77 怨讎：怨恨的仇敵。

78 桀：傲桀，暴戾難制。

79 躁：躁動，不安穩。

80 陰憎：暗中憎恨。

81 太重：指權勢太重。

82 徑為：擅自獨斷。無所請：不向君主請示。

83 主母：太后。蓄積：指蓄養姘夫。

84 兩主：兩個主人或權力中心。
85 相室：相國。典謁：君主的近侍。
86 乖：違異，不和。
87 偏黨：私黨，朋黨。
88 壅：掩蔽。
89 官門之私：權臣的私屬。
90 軍馬之府：原作「馬府之世」，龍宇純《韓非子集解補正》據宋本《韓非子》謝希深注「軍馬之府，立功者也」改正，即立下軍功。黜：原作「絀」，罷而不用。
91 鄉曲：鄉村。
92 勞：功勞。
93 私行：私德。按：韓非反對儒家所推崇的仁、孝等德行，認為無益於國。
94 公功：為國立功。
95 實：富裕。
96 寄寓：沒有戶籍的外來人口。
97 末作：工商業。
98 淺薄：忽略。爭守：帶兵打仗。

99 以仁義自飾：用仁義道德來修飾自己。
100 社稷：國家。
101 刑餘：宦官。
102 不法：不符合法度。
103 無術：欠缺統治方法。
104 多能：多材多藝。按：韓非主張君主任法不任智。
105 秩祿過功：俸祿超過了功勞應得的。
106 章服：旗幟車服。侵等：超過了應有的品級。
107 心：欲求之心。
108 胥：通「婿」。公婿：諸侯的女婿。
109 同門：同一門閭，即鄉里鄰舍。

譯文

凡屬君主國家弱小而大臣封地廣大，君主權輕而臣下權重的，可能滅亡。輕視法令而好逞私智，荒廢內政而依賴外援的，可能滅亡。群臣喜歡私學，貴族子弟喜歡辯術，商人在外囤積財富，百姓崇尚私鬥的，可能滅亡。嗜好宮殿樓閣池塘，愛好車馬服飾玩物，喜歡讓百姓疲勞困頓，壓榨揮霍錢財的，可能滅亡。辦事挑選吉日良辰，敬奉鬼神，迷信卜筮，喜好祭神祀祖的，可能滅亡。君主聽取意見只憑爵位的高低，而不去驗證意見是否正確，只通過一個人來通報情況的，可能滅亡。官職可以靠權勢求得，爵祿可以用錢財買到，可能滅亡。辦事遲疑而沒有成效，軟弱怯懦而優柔寡斷，好壞不分而無一定原則的，可能滅亡。極度貪心而沒有滿足，追求財利而愛佔便宜，可能滅亡。喜歡濫賞而不合法度，愛好誇誇其談而不求實用，迷戀華麗文采而不顧功效的，可能滅亡。君主淺薄而輕易表露感情，泄露機密而不加隱藏，不能嚴密戒備而透露群臣言論的，可能滅亡。兇狠暴戾而不隨和，拒絕勸諫而自認高強，不顧國家安危而自以為是的，可能滅亡。依仗盟國援助而怠慢鄰國，倚仗強國支持而輕侮鄰近小國的，可能滅亡。外來的僑居遊士，把大量錢財存放在國外，上能參與國家機密，下能干預民眾事務的，可能滅亡。民眾只相信相國，下面不親近君主，君主又寵信相國而不能廢棄他的，可能滅亡。國內的傑出人才不用，反而去搜羅國外的人士，不按照功勞考核政績，而喜歡憑藉名望任免官員，僑居遊士升為高官而凌駕于本國原有大臣之上的，可能滅亡。輕視正妻嫡子，庶子和嫡子並重，太子還未確定而君主就去世了的，可能滅亡。君主狂妄自大而不思悔改，國家混亂還自我誇耀，不估計本國實力而輕視鄰近敵國的，可能滅亡。國小而不處卑位，力弱而不畏強勢，沒有禮儀而侮辱鄰近大國，貪婪固執而不懂外交的，可能滅亡。太子已經確立，君主卻又娶強大敵國的女子作為正妻，太子的地位就會危險，這樣一來群臣就會改變支持太子的心意，群臣改變心意，可能滅亡。膽小怕事而不敢堅持己見，問題早已發現而沒有決心去解決，知道可以怎樣做，但決定了又不敢去做的，可能滅亡。君主出國在外而國內另立君主，做人質的太子沒有回國而君主又另立太子，這樣國人就有二心；國人有二心的，可能滅亡。折磨污辱了大臣而又親昵他，懲罰了小民而又反常地使用他，這些人心懷不滿，不忘恥辱，而君主又和他們特別親近，那麼劫殺事件就會產生，劫殺事件產生的，可能滅亡。兩個大臣同時得到重用，君主親戚人多勢強，內結黨羽外借交援來爭事情，爭權勢的，可能滅亡。聽信婢妾的讒言，使用近臣的計謀，內外悲憤而一再幹違法之事的，可能滅亡。簡慢凌侮大臣，不知尊敬親戚，勞累百姓，殺戮無辜的，可能滅亡。君主好用私智改變法制，常用私行擾亂公事，法令不斷改變，號令前後矛盾的，可能滅亡。地形不險要，城牆不堅固，國家無積蓄，財物貧乏，沒有防守和打仗的準備卻輕易去進攻別國的，可能滅亡。王族短命，君主接連去世，小孩子當了國君，大臣專權，扶植外來遊士作為黨羽，經常割地來換取外援的，可能滅亡。太子尊貴顯赫，黨徒人多勢強，與許多大國交往密切，而個人威勢過早具備的，可能滅亡。性情偏激而急躁，輕率而容易衝動，積忿易怒而不思前顧後的，可能滅亡。君主容易發怒而喜歡打仗，放鬆農耕而不注重軍事的，可能滅亡。貴臣互相嫉妒，大臣權重勢盛，在外憑藉敵國，在內困擾百姓，以便攻擊冤家對頭，而君主不誅戮他們的，可能滅亡。君主無能而他的兄弟賢能，太子勢輕而庶子勢強，官吏軟弱而百姓不服管教，這樣的話國家就會動盪不安；國家動盪不安，可能滅亡。君主懷恨而不發作，擱置罪行而遲遲不加處分，使群臣暗中憎恨而更加憂懼，因而長期不知結果如何的，可能滅亡。帶兵在外的統帥權勢太大，駐守邊疆的長官地位太高，獨斷專行，直接處事而不請示報告的，可能滅亡。妻子淫亂，太后養姦，內外混雜串通，男女沒有分別，這樣就形成了兩個權力中心；形成兩個權力中心的，可能滅亡。正妻賤而婢妾貴，太子卑而庶子尊，執政大臣輕而通報官吏重，這樣就會內外乖戾；內外乖戾的，可能滅亡。大臣非常顯貴，私黨人多勢強，封鎖君主決定而又獨攬國政的，可能滅亡。豪門貴族的家臣被任用，從軍的功臣卻罷而不用。偏僻鄉村裏有善名的人得到選拔，在職官員的功勞反被抹殺，推崇私行而輕視公功的，可能滅亡。國家空虛而大臣殷實，常住戶貧窮而客居者富裕，農民戰士困頓，而工商業者得利的，可能滅亡。看到根本利益不去追求，知道禍亂的苗頭不加戒備，帶兵打仗的事懂得很少，而致力於用仁義粉飾自己的，可能滅亡。不遵行君主的孝道，而仰慕一般人的孝道，不顧國家利益，而聽從母后命令，女人當國，宦官掌權的，可能滅亡。誇誇其談而不合法令，頭腦聰明而缺乏策略，君主多才多藝而不按法度辦事的，可能滅亡。近臣得到進用而故臣卻被辭退，無能得以重用而賢良卻被埋沒，無功的人地位顯貴而勞苦的人地位卑下，這樣臣民就要怨恨；臣民怨恨的，可能滅亡。父兄大臣的俸祿等級超過他們的功勞，旗幟車服超過規定的等級，宮室的供養太奢侈，而君主不加禁止，臣下的欲望就沒有止境；臣下欲望沒有止境的，可能滅亡。王親國戚和普通百姓同閭居住，橫行霸道欺壓鄰居的，可能滅亡。

賞析與點評

韓非運用歷史上四十七個足以亡國的案例，說明治理國家必須從根本法制著手，連珠噴發，蔚為大觀，真是文章的大國手。「奇文共欣賞，疑義相與析」，此篇可當之無愧。

亡徵者，非曰必亡，言其可亡也。夫兩堯不能相王[1]，兩桀不能相亡；亡王[2]之機，必其治亂，其強弱相踦[3]者也。木之折也必通蠹[4]，牆之壞也必通隙。然木雖蠹，無疾風不折；牆雖隙，無大雨不壞。萬乘[5]之主，有能服術行法，以為亡徵之君風雨者，其兼天下不難矣。

註釋

1 王：音旺，統治。相王，互相統治。

2 亡：亡國。王：統治天下。

3 相踦：相差很遠。

4 蠹：音「盜」，蛀蟲。

5 萬乘：大國。

譯文

有亡國徵兆的，不是說國家一定滅亡，而是說它可能滅亡。兩個唐堯不能相互統治，兩個夏桀不能相互滅亡；滅亡或稱王的關鍵，必定取決於雙方治亂強弱的高下優劣。樹木的折斷一定由於蛀蝕，牆壁的倒塌一定由於裂縫。然而樹木雖然蛀蝕了，沒有急風不會折斷，牆壁雖然有了裂縫，沒有大雨不會倒塌。大國的君主，如能運用法術作為暴風驟雨去摧毀那些已有滅亡徵兆的國家君主，那麼他要兼併天下就不難了！

二　臣民關係篇

第二部分包括〈用人〉、〈備內〉、〈八姦〉、〈六反〉、〈五蠹〉、〈顯學〉等六篇，主要反映在日趨成熟的中央集權制度下，君主與其統治下的臣民的特殊關係。在韓非的政治學說中，這種君主與臣民關係具有很大的自利主義色彩，使二者無法避免重重矛盾。韓非認為君主若處理失宜，則隨時陷入篡弒劫奪以至亡國破家的悲慘局面之中。

用人

本篇導讀——

本篇原為第二十七篇，題為〈用人〉，主要討論人主如何仿效天道，循天順人以達致良好的政治秩序。天道無為而無不為，故人主以力行法治為根本，用人的原則是「見能授官」、「士不兼官」、「明賞必罰」，反對人主好逞巧智、私心自用，強調明君要「立可賞之法，設可避之罰」，並且嚴格實行「有賞罰而無喜怒」的克己方針。

聞古之善用人者，必循天順人而明賞罰。循天，則用力寡而功立；順人，則刑罰省而令行；明賞罰則伯夷、盜蹠不亂，如此則白黑分矣。治國之臣，效功於國以履位[1]，見能於官以受職，盡力於權衡[2]以任事。人臣皆宜其能、勝其官、

輕[3]其任，而莫懷餘力[4]於心，莫負兼官[5]之責於君。故內無伏怨之亂，外無馬服之患[6]。明君使事不相干[7]，故莫訟；使士不兼官，故技長；使人不同功，故莫爭。爭訟止，技長立，則彊弱不觳力[8]，冰炭不合形，天下莫得相傷，治之至也。

註釋

1 履位：履行職務。

2 權衡：度量衡工具，指法度規章。

3 輕：覺得容易。

4 莫懷餘力：盡心竭力。

5 兼官：兼職，一身多職。

6 馬服之患：馬服君趙括擅長談論兵法，卻不精於實戰，故有「紙上談兵」的惡評。他帶領趙卒四十萬抗秦，竟全軍覆歿，史稱「長平之役」。

7 不相干：指各官員的職務責任清晰，不會互相干擾。

8 觳：音角，競爭。

譯文

聽說古代善於用人的君主，必定會遵循天道順應人情並且賞罰分明。遵循天道，就能夠少用氣力而建立功業；順應人情，就能夠少用刑罰而推行法令；賞罰分明，伯夷、盜蹠就不會混淆。這樣一來，黑白就分明了。太平國家的臣子，為國立功來履行職守，為公盡能來接受職務，依法盡力來擔任職事。做臣子的都能發揮他們的才能，勝任他們的官職，完成他們的任務，盡心竭力，不作保留，也不需要承擔身兼數職的責任。所以在國內沒有心懷怨恨的禍亂，在國外沒有像趙括「紙上談兵」的禍患。英明的君主讓各級官員的職務和責任清晰，不會互相干擾，所以不會發生爭吵；使臣下不兼職，所以各自都有擅長的技能；不會委派兩人做同一件事，所以不會發生紛爭。紛爭吵鬧平息，各人擅長的技能便表現出來，強弱之間就不會競爭，如同冰炭不放在同一個器皿中一樣，天下人不得相互傷害，這是治世的最高境界。

釋法術而心治[1]，堯不能正一國，去規矩而妄意[3]度，奚仲不能成一輪；廢尺寸而差[4]短長，王爾[5]不能半中。使中主[6]守法術，拙匠[7]守規矩

尺寸，則萬不失矣。君人者能去賢巧之所不能，守中拙之所萬不失，則人力盡而功名立。

註釋

1 釋：捨棄。

2 心治：以主觀治國。

3 意：通「臆」，猜度。

4 差：比較，估量。

5 王爾：古時一位巧匠。

6 中主：指一般才能的君主。韓非子認為堯舜或桀紂一類君主極少，所以他擬訂的治國方術，以一般君主可以輕易實行為限。這個想法值得重視，因其設計具有很高的可操作性。

7 拙匠：工藝水平普通的工匠。

譯文

放棄法術而憑主觀辦事，就是堯也不能治理好一個國家；不要規矩而胡亂猜測，就是奚仲也不能做好一個輪子；廢棄尺寸而比較長短，就是王爾也不能做到半數符合標準。假如中等才能的君主遵循法術，水平普通的工匠掌握了規矩尺寸，就會萬無一失了。做君主的不要求賢人、巧匠也辦不成功的事情，奉行中主、拙匠都萬無一失的做法，人們就會竭盡全力，功名也會建立起來。

賞析與點評

「中主守法術，拙匠守規矩尺寸，則萬不失一。」用現代管理學角度分析，韓非立説非常強調可操作性和可持續性，對事情有嚴格指引，依法而行，具備一般才智的人都能跟隨既定軌轍去完成工作，其實是很有參考價值的。黃仁宇認為中國人不擅長數字管理，所能不能適應現代文明，只是因為韓非的學説在傳統社會裏不曾受到重視的結果。

明主立可為之賞，設可避之罰。故賢者勸賞而不見子胥之禍[1]，不肖者少罪而不見傴剖背[2]，盲者處平而不遇深谿，愚者守靜而不陷險危。如此，則上下之恩

結矣。古之人曰：「其心難知，喜怒難中[3]也。」故以表[4]示目，以鼓[5]語耳，以法教心。君人者釋三易之數[6]，而行一難知之心。如此，則怒積於上，而怨積於下。以積怒而御[7]積怨，則兩[8]危矣。

註釋

1 子胥之禍：伍子胥的父兄被楚平王誣殺，逃到吳國，輔助吳王闔廬和夫差破楚敗越。後來夫差答應勾踐求和，伍子胥進諫，被夫差賜劍自盡。子胥之禍，就是指以忠諫受禍。

2 傴：駝背。傴剖背：指宋王偃曾經殘忍地切開駝背者的背。這裏指無罪被殺。

3 中：猜中。

4 表：標誌，標準。

5 鼓：鐘鼓，以敲擊鐘鼓來傳佈號令。

6 三易之數：三種易知易行的方法。

7 御：駕御，管理。

8 兩：指君和臣。

譯文

明君設立可以得到的賞賜，設立可以避免的刑罰。所以賢者奮力立功得賞而沒有伍子胥那樣的災禍，不賢者很少觸犯罪行，也不會遭到駝背被剖那樣的冤枉刑罰，盲人處在平地而不會遇到深淵，平民過著安靜的生活而不會陷入險境。這樣的話，君臣之間的恩情就結下了。古人說：「人心難以捉摸，喜怒難以猜中。」所以要用華表給眼睛當座標，用鼓聲給耳朵傳資訊，用法制給人心作規範。做君主的放棄這三種易知明行的方法，而用一種難以摸透的思想行事，這樣辦事，君主就會積怒，臣下就會積怨。用積怒的君主來駕馭積怨的臣下，君臣就都危險了。

明主之表[1]易見，故約立；其教易知，故言用；其法易為[2]，故令行。三者立而上無私心[3]，則下得循法[4]而治，望表而動，隨繩而斷，因攢[5]而縫。如此，則上無私威[6]之毒，而下無愚拙之誅。故上居明[7]而少怒，下盡忠而少罪。

註釋

1 表：標幟。

2 易為：易於遵守。
3 私心：任意妄為。
4 循法：依循法令。
5 攢：錐孔。
6 私威：以私意發出的威怒。
7 居明：能夠明察。

譯文

明君的標準容易看到，約束就能夠建立；他的教導容易懂得，言語就起作用；他的法制容易遵守，命令就會得到執行。這三方面都做到了，君主又沒有私意妄為，官吏可以依循法度治事，如同看著標誌來行動，隨著墨線來下斧，根據錐孔來上針一樣。這樣一來，君主就沒有濫施淫威的殘酷，官吏也沒有因愚拙而受罰。所以君主明智而少忿怒，官吏盡忠而少違法。

聞之曰：「舉事無患者，堯不得也。」而世未嘗無事[1]也。君人者不輕爵祿，

不易富貴，不可與救危國。[2] 人主樂乎使人以公盡力，而苦乎以私奪威；人臣安乎以能受職，而苦乎以一負二。故明主除人臣之所苦，而立人主之所樂。上下之利，莫長於此。不察私門[3] 之內，輕慮[4] 重事，厚誅薄罪[5]，久怨細過，長侮偷[6] 快，數以德追禍，是斷手而續以玉[7] 也，故世有易身[8] 之患。

註釋

1 未嘗無事：指事務總是不斷的出現。

2 按：此句下原有「故明主厲廉恥，招仁義，昔者介子推無爵祿而義隨文公，不忍口腹而仁割其肌，故人主結其德，書圖著其名。」內容涉及提倡「廉恥」、「仁義」等，明顯違背韓非的基本學說，疑有缺文，或為錯簡，故略去。

3 私門：指權貴。

4 輕慮：不小心考慮。

5 厚誅薄罪：指對輕微的罪行加以嚴厲的處罰。按：韓非認為量刑必須適中，不可畸輕畸重。

6 偷：苟且，暫時。

7 續以玉：指用貴重的珍寶來作補償，是徒勞無功的。

8 易身：易位，篡位。

譯文

我聽說：「辦事不出差錯，就是堯也做不到。」而社會總不會平安無事的，做君主的如果不肯放手賞給臣下爵祿和富貴，就不能解救危亡的國家。君主樂於使臣下為公盡力，而苦於他們為私奪權；臣子安於量才錄用，而苦於身兼二職。所以明君除去君臣間存在的苦惱事，開展君臣間愉快的事。君臣間的利益，沒有比這更深遠的了。不考察大臣私下的活動，不小心考慮重大的事情，過重地處罰犯輕罪的人，長期怨恨臣下的小錯，經常侮弄臣下來取得一時的愉快，頻繁地用恩惠來補償給人造成的災難，這就像砍斷手臂而接上寶玉一樣，所以天下有君位被篡奪的禍患。

人主立難為[1]而罪不及，則私怨生；人臣失所長而奉難給[2]，則伏怨結。勞苦不撫循[3]，憂悲不哀憐。喜則譽小人，賢不肖俱賞，怒則毀君子，使伯夷與盜蹠俱辱，故臣有叛主。[4]使燕王內憎其民而外愛魯人，而燕不用而魯不附。燕民見憎，不能盡力而務功；魯見說，而不能離[5]死命而親他主。如此，則人臣為隙穴[6]，而人主獨立[7]。以隙穴之臣而事獨立之主，此之謂危殆。

註釋

1 難為：指難以完成的目標。

2 失所長：專長不能施展。奉：奉行職務。難給：難以達成。這句說：官員的專長無法施展，指派的職務又難以完成。

3 撫循：撫慰。

4 按：此句指賞罰不公允，官員便會背叛君主。

5 離：通「罹」，遭遇。

6 隙穴：指臣子成為縫隙般的隱患。

7 獨立：指孤立無援。

譯文

君主樹立難以達到的標準，而去怪罪臣下沒有達到，臣下就會產生私怨；臣下丟掉特長而去從事難以勝任的事情，心底就會積下怨恨。君主對臣子的勞苦不撫慰，憂傷不同情；高興時連小人都稱譽，對賢和不賢的人一律賞賜；發怒時連君子也詆毀，使伯夷和盜蹠同遭侮辱；所以臣子中就有背叛君主的人。假如燕王對內憎恨本國民眾，對外喜愛魯國人，那麼燕人就不為他所用，魯人也不會依附他。燕人被憎恨，就不能盡力來求得功勞；魯人被喜愛，但不能冒死罪去親近別國君主。如果這樣，臣子就成了縫隙一樣的隱患，君主就會陷於孤立。用成了隱患的臣子去侍奉孤立無援的君主，這就叫危險。

釋儀的[1]而妄發，雖中小不巧；釋法制而妄怒，雖殺戮而姦人不恐。罪生甲，禍歸乙，伏怨乃結。[2]故至治之國，有賞罰而無喜怒[3]。故聖人極有刑法，而死無螫毒[4]，故姦人服。發矢中的，賞罰當符，故堯復生，羿復立[5]。如此，則上無殷、夏之患[6]，下無比干之禍，君高枕而臣樂業，道被天地，德極萬世矣。

註釋

1 釋儀的：捨棄箭靶。

2 按：以上三句均指君主濫施賞罰。

3 無喜怒：指君主不以自己的喜怒來治理國家，即是要仿效天道，按照自然規律而依法治國。

4 螫毒：逞私怒殺人。

5 羿：后羿，夏朝有窮氏的君主，篡奪了夏后相天子之位，後來又被其權臣寒浞殺死。這句是指如果后羿能依法治國，他的權位就不會終結。

6 殷夏之患：指如桀和紂的亡國之禍。

譯文

放棄靶子而胡亂發射，即使射中很小的東西也不算技藝高超；放棄法制而亂發脾氣，即使大肆殺伐，好人也不會害怕。甲犯了罪，禍歸於乙，怨恨就產生了。所以治理得最好的國家，實行賞罰，絕不憑個人喜怒，所以聖人能達到治國的極致；建立刑法，但不逞私威殺人，所以奸人服罪。射箭中靶，賞罰得當，所以堯可復生，羿能再世。這樣一來，君主就沒有殷、夏亡國的禍患，臣下就沒有比干剖心的災難，君主高枕無憂，臣下樂於盡職，法術普遍地實行於天下，恩德流傳千秋萬代。

夫人主不塞隙穴而勞力於赭堊[1]，暴雨疾風必壞。不去眉睫之禍[2]而慕賁、育之死，不謹蕭牆之患[3]，而固金城於遠境，不用近賢之謀，而外結萬乘之交於千里。飄風一旦起，則賁、育不及救，而外交不及至，禍莫大於此。當今之世，為人主忠計者，必無使燕王說魯人，無使近世慕賢於古，無思越人以救中國溺者。如此，則上下親，內功立，外名成。

註釋

1 赭堊：音「者惡」，指粉涮牆壁。

2 眉睫之禍：眼前的危險。

3 蕭牆之患：即宮牆內的禍患，或內部的禍患。

譯文

君主不堵塞縫隙而致於粉飾牆壁，遇到暴風驟雨就一定會壞事。不消除眼前的危險，卻幻想孟賁、夏育為自己效死，不謹防內部禍患，卻在邊遠地帶加固城牆，不採用國內賢士的謀略，卻去結交千里之外的大國，突然變故一旦發生，孟賁、夏育來不及解救，而結交的大國來不及趕到，災禍再沒有比這更大的了。在當今社會中，替君主忠心獻計的人，一定不要使自己的君主學燕王愛魯人，不要使當代君主去仰慕古代的賢人，不要去指望善於泅水的越國人來救中原的溺水者。這樣一來，君臣就能親密無間，在國內建立功業，在國外成就威名。

備內

本篇導讀——

本篇原為第十七篇，題為〈備內〉，古時王者居住的地方叫做內，也叫宮或禁。本篇提出君主必須防備宮廷內的陰謀。韓非從人姓自利觀出發，指出君主和后妃、夫人、兒子之間在利害關係上存著嚴重的矛盾，故不可以信賴。為了防止姦臣利用這種矛盾關係，他主張君主必須嚴加防犯。韓非是韓國宗室貴族，且有口吃的毛病，故在宮中嚐盡人情冷暖，爾虞我詐、勾心鬥角的宮廷醜態無日無之，終於使韓非對人生充滿著苦澀和對世界的疑慮，使他喪失了對人性的最低限度的信任。在這種環境下，他認為人與人的關係常持有一種特殊的冷漠感和不信任，雙方只是單純的利害關係，包括妻子、子女和父兄，也都毫不例外。因此，他的分析不能不反映其人生觀存在極大的缺陷。同時，也就是這種極端狹隘的人性自利觀，他對儒家的仁義忠孝學說竭力排斥。法家刻薄寡恩、重罰輕賞的觀念，也源於其對人性的看法。

人主之患，在於信人[1]。信人則制於人[2]。人臣之於其君，非有骨肉之親也，縛於勢而不得不事也。故為人臣者，窺覘[3]其君心也，無須臾之休，而人主怠傲處其上，此世所以有劫君殺主也。為人主而大信其子，則奸臣得乘於子以成其私，故李兌[4]傅趙王而餓主父[5]。為人主而大信其妻，則奸臣得乘於妻以成其私，故優施傅麗姬殺申生[6]而立奚齊[7]。夫以妻之近與子之親而猶不可信，則其餘無可信者矣。

註釋

1 信人：信賴別人。

2 制於人：受別人宰制或控制。

3 窺覘：窺探觀測。

4 李兌：趙國大臣，輔助太子趙何。

5 餓：餓死。主父：趙武靈王，曾以胡服騎射稱雄於北方。

6 優施：名叫施的優人。麗姬：即酈姬。申生：晉獻公的太子。

7 奚齊：酈姬所生的兒子。

譯文

君主的禍患在於相信別人。相信別人，就受到別人控制。臣子對於君主，沒有骨肉之親，只是迫於權勢而不得不侍奉。所以做臣子的，窺測君主的意圖，沒有一會兒停止過。若君主懈怠傲慢地處於上位，這就是世上出現劫持殺害君主的原因。做君主而非常相信他的兒子，姦臣就能利用他的兒子來實現自己的私利，所以李兌輔助趙國太子，最終餓死了主父趙武靈王。做君主而非常相信他的妻子，姦臣就能利用他的妻子來實現自己的私利，所以優施幫助酈姬殺死太子申生而改立奚齊。即使是像妻子和兒子那樣親近的人還不可相信，其餘人就沒有可相信的了。

且萬乘之主，千乘之君，后妃夫人適子[1]為太子者，或有欲其君之蚤[2]死者。何以知其然，夫妻者，非有骨肉之親[3]也，愛則親，不愛則疏。語曰：「其母好者[4]其子抱。」然則其為之反也，其母惡者[5]其子釋。丈夫年五十而好色未解[6]也，婦人年三十而美色衰[7]矣。以衰美之婦人事好色之丈夫，則身見疏賤，而子疑不為後[8]，此后妃夫人之所以冀其君之死者也。唯母為后而子為主，則令

無不行，禁無不止，男女之樂不減於先君，而擅[9]萬乘不疑，此鴆毒扼昧[10]之所以用也。故《桃左春秋》[11]曰：「人主之疾死者不能處半。」，人主弗知，則亂多資[12]。故曰：利君死者眾，則人主危。故王良愛馬，越王勾踐愛人，為戰與馳[13]。醫善吮[14]人之傷，含人之血，非骨肉之親也，利所加也。故輿人成輿[15]，則欲人之富貴；匠人成棺[16]，則欲人之夭死也。非輿人仁而匠人賊也，人不貴，則輿不售；人不死，則棺不買。情非憎人也，利在人之死也。故后妃夫人太子之黨成而欲君之死也，君不死，則勢不重。情非憎君也，利在君之死也。故人主不可以不加心[17]於利己死者。故日月暈圍[18]於外，其賊在內，備其所憎，禍在所愛[19]。是故明王不舉不參[20]之事，不食非常之食；遠聽而近視，以審內外之失，省[21]同異之言，以知朋黨之分。偶參伍之驗[22]，以責陳言之實；執後以應前，按法以治眾，眾端[23]以參觀。士無幸賞，無逾行[24]，殺必當，罪不赦，則姦邪無所容其私。[25]

註釋

1 適子：即嫡子。

2 蚤：通「早」。

3 親：原作「恩」，據文意改。親指血緣關係。

4 好者：指得寵。

5 惡者：指不得寵。

6 解：通「懈」，懈怠，停止。

7 衰：衰減，失去昔日的美麗。

8 不為後：不能成為繼嗣君位。

9 擅：獨自掌握。

10 鴆毒：鴆毒製成的毒酒。扼昧：扼殺和刎頸。

11 桃左春秋：古代史書。俞樾疑桃左為「檮杌」之誤。按：此說欠可靠證據。

12 亂多資：作亂有更多憑藉。

13 戰：作戰勝利。馳：飛快奔馳。指王良愛馬和勾踐愛人均以獲得利益為出發點。

14 吮：吸。

15 輿：車子。

16 匠人成棺：工匠製造棺木。

17 不加心：不用心，不注意。

18 日月暈圍：指日月週圍出現了白色光圈。

19 禍在所愛：指製造禍患的是身邊親愛的人。

20 不舉：不選用。不參：不參驗，即未經審驗的。

21 省：省察，審視。

22 偶：對比，指事後結果與事前所說的做對比，以查驗其實效。

23 衆端：根據各種情況。

24 逾行：違法的行為。

25 按：以下一段：「傜役多則民苦，民苦則權勢起，權勢起則復除重，復除重則貴人富。苦民以富貴人，起勢以藉人臣，非天下長利也。故曰：傜役少則民安，民安則下無重權，下無重權則權勢滅，權勢滅則德在上矣。今夫水之勝火亦明矣，然而釜鬵閒之，水煎沸竭盡其上，而火得熾盛焚其下，水失其所以勝者矣。今夫治之禁奸又明於此，然法守之臣，為釜鬵之行，則法獨明於胸中，而已失其所以禁奸者矣。上古之傳言，《春秋》所記，犯法為逆以成大奸者，未嘗不從尊貴之臣也。然而法令之所以備，刑罰之所以誅，常於卑賤。是以其民絕望，無所告訴。大臣比周，蔽上為一，陰相善而陽相惡，以示無私，相為耳目，以候主隙。人主掩蔽，無道得聞，有主名而無實，臣專法而行之，周天子是也。偏借其權勢，則上下易位矣。」與本文主題沒有關係，梁啟雄《韓子淺解》疑為他篇錯簡。今刪去。

譯文

再說，大大小小國家的君主，他們的原妻正配所生嫡子做了太子的，或許有盼著自己的父君早死的。怎麼知道會是這樣的呢？妻子，沒有骨肉的恩情，寵愛就親近，不寵愛就疏遠。俗話說：「母親美的，她的孩子受寵愛。」那麼與此相反的話，就是母親醜的，她的孩子被疏遠。男子五十歲而好色之心不減弱，婦女三十歲美貌就衰減了。用色衰的婦女侍奉好色的男子，自己就會被疏遠卑視，而懷疑兒子不能成為繼承人，這正是后妃、夫人盼望君主早死的原因。只有當母親做了太后而兒子做了君主以後，那時就會令無不行，禁無不止，男女樂事不減於先君在時，而獨掌國家大權，再沒有疑慮了。這正是用毒酒殺人、用勒索殺人事件產生的原因。所以《桃左春秋》上說：「君主因病而死的不到半數。」君主不懂得這個道理，姦臣作亂就有了更多的憑藉。所以說，認為君主死亡對自己有利的人多，君主就危險。所以王良愛馬，越王勾踐愛民，就是為了打仗和奔馳。醫生善於吸吮病人的傷口，口含病人的污血，不是因為有骨肉之親，而是因為利益所在。所以車匠造好車子，就希望別人富貴；棺材匠做好棺材，就希望別人早死。並不是車匠仁慈而棺材匠狠毒：別人不富貴，車子就賣不掉；別人不死，棺材就沒人買。本意並非憎恨別人，而是利益就在別人的死亡上。所以后妃夫人、太子的私黨結成了就會希望君主早死；如果君主不死，自己權勢就不大。本意並非憎恨君主，而是利益就在君主的死亡上。所以君主不能不留心那些利在自己死亡的人。所以日月外面有白色光圈環繞，毛病就在內部；防備自己所憎恨的人，禍害卻來自所親愛的人。所以明君不做沒有驗證過的事情，不吃不尋常的食物；打聽遠處的情況，觀察身邊的事情，從而考察朝廷內外的過失；研究相同的和不同的言論，從而了解朋黨的區分，對比通過事實所作的驗證，從而責求臣下陳言的可靠性；拿事後的結果來對照事先的言行，按照法令來治理民眾，根據各種情況來檢驗觀察；官吏沒有僥倖受賞的，沒有違法行事的；誅殺的一定得當，有罪的不予赦免。這樣一來，姦邪行為就無處容身了。

賞析與點評

如此為君，有何平安喜樂？韓非眼底心中，無一非黑暗世界！

八姦

本篇導讀——

本篇原為第九篇，題目是〈八姦〉。它是指八種篡奪君權的陰謀手段，包括：同床、在旁、父兄、養殃、民萌、流行、威強、四方。韓非根據大量歷史事實，歸納出姦臣常常採用不同的手段以蒙蔽君主，以達到劫奪君權的目的。韓非又提出君主應採取各種防範措施以打擊姦臣，並指出君主「進賢才」和「勸有功」的必要性。

凡人臣之所道成姦者有八術：一曰同床。何謂同床？曰：貴夫人，愛孺子，便僻好色[1]，此人主之所惑[2]也。托於燕處之虞[3]，乘醉飽之時，而求其所欲，此必聽[4]之術也。為人臣者內事[5]之以金玉，使惑[6]其主，此之謂「同床」。

二曰在旁。何謂在旁？曰：優[7]笑侏儒，左右近習[8]，此人主未命而唯唯，未使而諾諾[9]，先意承旨，觀貌察色，以先主心者也。此皆俱進俱退，皆應皆對，一辭同軌[10]，以移主心者也。為人臣者內事之以金玉玩好，外為之行不法，使之化[11]其主，此之謂「在旁」。三曰父兄[12]。何謂父兄？曰：側室公子，人主之所親愛也；大臣廷吏[13]，人主之所與度計[14]也。此皆盡力畢議，人主之所必聽也。為人臣者事公子側室，以音聲[15]子女，收[16]大臣廷吏以辭言，處約[17]言事，事成則進爵益祿，以勸[18]其心，使犯[19]其主，此之謂「父兄」。四曰養殃。何謂養殃[20]？曰：人主樂美宮室台池，好飾子女狗馬以娛其心，此人主之殃也。為人臣者盡民力[21]以美宮室台池，重賦斂[22]以飾子女狗馬，以娛其主而亂其心，從[23]其所欲，而樹私利其間，此謂「養殃」。五曰民萌[24]。何謂民萌？曰：為人臣者散公財以說民人[25]，行小惠以取百姓，使朝廷市井，皆勸譽己，以塞[26]其主而成其所欲，此之謂「民萌」。六曰流行。何謂流行？曰：人主者，固壅[27]其言談，希[28]於聽論議，易移以辯說[29]。為人臣者求諸侯之辯士，養國中之能說者，使之以語其私。為巧文之言，流行之辭[30]，示之以利勢[31]，懼[32]之以患害，施屬[33]虛辭以壞[34]其主，此之謂「流行」。七曰威強。何謂威強？曰：君人者，以群臣百姓為威強[35]者也。群臣百姓之所善，則君善之；非群臣百姓之所善，則君不善之。為人臣者，聚帶劍之客，養必死之士，以彰其威，明為己者必利，不為己者必死，以恐其群臣百姓而行其私，此之謂「威強」。八曰四方。何謂四方？曰：君人者，國小則事大國；兵弱則畏強兵。大國之所索[36]，小國必聽；強兵之所加，弱兵必服。為人臣者，重賦斂，盡府庫[37]，虛其國以事大國，而用其威，求誘[38]其君；甚者[39]舉兵以聚邊境，而制斂於內[40]，薄者[41]數內大使[42]，以震其君，使之恐懼，此之謂「四方」。凡此八者，人臣之所以道成姦[43]，世主所以壅劫[44]，失其所有也，不可不察焉。

註釋

1 貴夫人：尊寵的夫人。愛孺子：寵倖的妃妾。便辟好色：近幸的美女。以上三類均指在後宮受到寵愛的女性。

2 惑：迷惑。

3 燕處：退朝。處：通「娛」。

4 必聽：必然答允。

5 事：侍奉，即賄賂。

6 惑其主：指蠱惑君主，使行賄者獲益。

7 優：俳優，以娛人主者。

8 近習：親近寵幸的心腹侍從。

9 唯唯諾諾：均指應承答允的聲音，表示馴順。

10 一辭同軌：與君主同一口徑和動作。與「唯命是從」相似。

11 化：感化。

12 父兄：君主的親屬，古代貴族政治下，國家高級官吏多為君主血緣最近的親屬。

13 廷吏：朝廷的官吏。

14 度計：商議政事。

15 音聲：動聽的音樂。

16 收：收買。

17 處約：與賄者約定。

18 勸：鼓勵。

19 犯：干擾，指賄者通過他們來影響君主的決定。

20 殃：殃咎。養殃：養成禍咎。

21 盡民力：極度地濫用民力。

22 重賦斂：加徵賦稅。

23 從：放縱，順從。指人臣引導君主從欲，乘機劫奪權勢。

24 萌：通「氓」，民萌指人臣取悅民眾，以增加其政治資本。

25 散公財以說百姓：說：通「悅」，散發公家財物來取悅民眾，目的是培殖私人勢力。

26 塞：蒙蔽。

27 固壅：閉塞。

28 希：通「稀」，極少。

29 易：容易。移以辯說：被動聽的話打動而改變主意。

30 流行之辭：流利圓滑的說話。

31 利勢：有利的形勢。

32 懼：恐嚇。

33 施屬：編造。

34 壞：損害。

35 威強：指權力與威望。以群臣百姓為威強：指君主的權威來源自百姓和大臣都屬於君主的。

36 索：求索。

37 盡府庫：耗盡國家庫房所有。

38 誘：誘惑，脅迫。

39 甚者：指過份的大臣。

40 制斂於內：挾制國內。

41 薄者：指情節稍輕的。

42 內：通「納」。數內大使：屢次引進外國使者。

43 以道成姦：導致姦謀成功。

44 壅劫：蒙蔽劫持。

譯文

臣下得以實現姦謀的途徑有八種：一是同床。甚麼叫同床？即，尊貴夫人，受寵宮妾，諂媚便巧，姿色美麗，正是君主所迷戀的。趁著君主在安居快樂、酒醉飯飽的機會，來央求她們想要得到的東西，這是讓君主一定聽從的手段。做臣子的通過內線，用金玉財寶賄賂她們，叫她們蠱惑君主，這就叫「同床」。二是在旁。什麼叫在旁？即倡優侏儒，親信侍從。這些人。君主沒下令就應承，沒支使就應承，事先領會君主的意圖，察顏觀色來預先摸到君主的心意。這些人都是一致行動、一個腔調，統一口徑和行動來改變君主心意的人。做臣子的通過內線用金玉珍寶賄賂他們，在外幫他們幹不法之事，叫他們影響君主，這就叫「在旁」。三是父兄。什麼叫父兄？即叔伯、兄弟，是君主親近愛護的人；大臣廷吏，是君主諮議謀劃的人。這些人都竭盡全力參與議政，是君主必然聽取的。做臣子的用音樂倩女來侍奉君主的叔伯、兄弟，又用花言巧語來籠絡大臣廷吏，處在關鍵時刻進言，事成之後就進爵加祿，這樣來聳恿他們，使他們干擾君主，這就叫「父兄」。四是養殃。什麼叫養殃？即君主喜歡修飾宮室台池，喜歡打扮倩女狗馬來賞心悅目，這是君主的災殃。做臣子的用盡民力來修飾宮室台池，加重賦斂來打扮倩女狗馬，這樣來娛樂君主而擾亂他的心事，順從他的欲望，而在其中夾雜私利，這就叫「養殃」。五是民萌。什麼叫民萌？即，做臣子的散發公家財物來取悅民眾，行小恩小惠來贏得百姓，讓朝廷民間都鼓動起來稱頌自己，這樣來蒙蔽君主而達到他的欲望，這就叫「民萌」。六是流行。什麼叫流行？即作為君主，話全悶在肚裏不與人交談，很少聽到臣下議論，容易被花言巧語打動。做臣子的尋求國外善辯的人，供養國內能言的人，讓他們來為自己的私利進說。說出華美的言語，流利的辭句，用有利的形勢來誘導他，用禍害來恐嚇他，編造虛假的言辭來損害君主，這就叫「流行」。七是威強。什麼叫威強？即統治者是靠群臣百姓來形成強大威勢的。群臣百姓喜歡的，君主就喜歡；不是群臣百姓喜歡的，君主就不喜歡。做臣子的收羅帶劍的俠客，供養亡命之徒，用來耀武揚威，倡言順從他的一定得到，不順從他的一定要死，這樣來恐嚇群臣百姓從而實現個人意圖，這就叫「威強」。八是四方。什麼叫四方？即做國君的，國小就侍奉大國，兵弱就害怕強兵。大國勒索的，小國一定聽從；強兵壓境的，弱兵一定服從。做臣子的，加重賦斂，耗盡錢糧，削弱自己國家去侍奉大國，求助大國威勢來透迫自己君主；嚴重的，招引大國軍隊壓境來挾制國內，輕些的，屢屢引進大國使者來震懾君主，使他害怕，這就叫「四方」。所有這八種手段，是臣子實現姦謀的途徑，是當代君主受到蒙蔽挾制以至失掉權勢的原因，是不可不明察的。

賞析與點評

世襲專制君主，亦是常人（甚至庸劣之人），人劫誰能免之？君防八姦，君主本身即是巨姦！明清之間，黃宗義《明夷待訪錄·原君》最發此義，而清末革命志士始得大張其理。

明君之於內[1]也，娛其色而不行其謁[2]，不使私請。其於左右也，使其身必責其

言，不使益辭[3]。其於父兄大臣也，聽其言也必使以罰任[4]於後，不令妄舉。其於觀樂玩好也，必令[5]之有所出[6]，不使擅進，不使擅退[7]，不使群臣虞其意。其於德施也，縱禁財[8]，發墳倉[9]。利於民者，必出於君，不使人臣私其德[10]。其於說議也，稱譽者所善，毀疵者所惡，必實其能，察其過，不使群臣相為語[11]。其於勇力之士也，軍旅之功無逾賞[12]，邑鬥[13]之勇無赦罪，不使群臣行私財[14]。其於諸侯之求索也，法則聽之，不法則距[15]之。所謂亡君[16]者，非莫有其國也，而有之者，皆非己有也。令臣以外[17]為制於內，則是君人者亡也。聽大國為救亡也，而亡亟於不聽[18]，故不聽。群臣知不聽，則不外諸侯，諸侯知不聽，則不受臣之誣[19]其君矣。

註釋

1 內：內宮，指後宮妃嬪。

2 不行其謁：不准妃嬪請謁。

3 益辭：誇大其辭。

4 任：擔保。

5 令：法令。

6 有所出：指按照法規。

7 擅進：擅自進奉。擅退：擅自減省。
8 禁：宮禁，宮中。縱禁財：發放宮中財物。
9 發墳倉：開放國家的大糧倉。
10 私其德：把恩德歸功於自己。
11 相為語：臣下互相讚美或誹謗。
12 逾賞：破格的賞賜。
13 邑鬥：私鬥。
14 行私財：以私人財力去收買有勇力的人。
15 不法：不合符法度。距：通「拒」，拒絕。
16 亡君：沒有君主。
17 以外：指利用外部力量。
18 亡：亡國。亟於不聽：亡國的速度反而更快於不聽從大國擺佈的。
19 誣：誣告，欺騙。

譯文

明君對於宮內的夫人美女，欣賞她們的美色而不理睬她們的稟告，不准因私請求。

對於左右近侍，使用他們，一定要嚴察他們的言論，不准誇大其辭。對於父兄和大臣，聽取他們的意見，但一定要使他們用受罰擔保後果，不許妄薦。對於觀賞玩樂的東西，一定要在法令上有依據，不准群臣擅自進獻或裁減，不讓群臣猜度到君主的心意。明君對恩惠的施行，凡是發放國庫的財物和官倉的糧食，有利於民眾的事，一定要用君主名義，不要讓臣下將恩德歸於自己。對於議論，稱譽者所讚美的人，毀疵者所憎惡的人，一定要去核實他們的才能，查明他們的過失，不讓群臣相互吹捧或誹謗。對於有勇力的人，作戰立功不破格行賞，私鬥犯法不赦免罪過，不讓群臣用個人財富收買人。明君對於其他諸侯國的要求，合法的就聽從，不合法的就拒絕。所謂亡國之君，並非沒了這個國家，而是這個國家的存在全然不歸自己所有。讓臣下用外力控制國內，就是統治者喪失自己的國家了。為了挽救國家危亡而聽從大國，這比不聽從亡得更快，所以不去聽從。群臣知道君主不聽從，就不去同國外諸侯勾結；國外諸侯知道君主不聽從，也就不接受臣下詐騙自己君主了。

明主之為[1]官職爵祿也，所以進賢材，勸有功也。故曰：賢材者處厚祿，任大官；功大者有尊爵，受重賞。官賢者量其能，賦祿者稱其功。是以賢者不誣能[2]以事其主，有功者樂進其業[3]，故事成功立。今則不然，不課[4]賢不肖，不論[5]有功勞，用諸侯之重[6]，聽左右之謁，父兄大臣上請爵祿於上，而下賣[7]之以收財利，及以樹私黨。故財利多者，買官以為貴，有左右之交[8]者，請謁以成重。功勞之臣不論，官職之遷失謬。是以吏偷[9]官而外交[10]，棄事而親財[11]。是以賢者懈怠而不勸，有功者隳[12]而簡其業[13]，此亡國之風也。

註釋

1 為：設立。
2 不誣能：不隱藏自己的才能。
3 業：功業。
4 課：考課，考察。
5 論：分辨。
6 重：看重，推崇；指諸侯所崇重的，君因而用之。
7 賣：出賣。
8 左右之交：近侍有交往的。
9 偷：怠忽職守。

10 外交：指交結外部勢力。

11 親財：以財利相結交。

12 隳：墮落。

13 簡：輕怠，輕慢。業：職務。

譯文

明君設置官職爵祿，是用來撰拔賢才和鼓勵功臣的。所以說，有賢才的人受厚祿，任大官；功勞大的人有尊爵，受重賞。任命賢才根據他的才能，授予俸祿根據他的功勞。因此，有才能的人不隱藏自己的才能來為君主效力，有功勞的人樂於進獻功業，所以事情能辦成，功業能建立。現在卻不是這樣，不考核賢不賢，不論有無功勞，任用被他國諸侯所看重的人，聽從左右近侍的請求，父兄大臣在上面向君主請求爵祿，在下面又出賣它來收取財利和培植私黨。所以財利多的就買官而成為尊貴的人，同君主近侍有交往的靠請託而成為有權勢的人。勞苦功高的臣子得不到論定，官職的變動顛倒錯亂。因此官吏怠忽職守而四出活動，拋棄事務而以財利相交結。因此有才能的人懈怠而不求上進，有功勞的人墮落而輕慢職務，這是亡國的風氣啊！

六反

本篇導讀——

本篇原為第四十六篇，題為〈六反〉，主要指出社會上有六種姦偽無益之民，即：貴生之士、文學之士、有能之士、辯智之士、磏勇之士、任譽之士。韓非認為這六種人應該受到誅罰，卻反而獲得稱譽和敬禮。他們的存在足以毀損耕戰有益之民。這種是非對錯的嚴重反差，韓非稱之為「六反」，必須加以糾正。此外，韓非又特別批判了儒家學者主張仁愛、輕刑、足民的缺陷，認為君主必須從嚴治國。

畏死遠難[1]，降北[2]之民也，而世尊之曰「貴生[3]之士」。學道立方[4]，離[5]法之民也，而世尊之曰「文學之士」。遊居[6]厚養，牟食[7]之民也，而世尊之曰

「有能之士」。語曲牟知[8]，偽詐之民也，而世尊之曰「辯智之士」。行劍攻殺，暴憿[9]之民也，而世尊之曰「磏勇[10]之士」。活賊[11]匿姦，當死之民也，而世尊之曰「任譽[12]之士」。此六民者，世之所譽也。赴險殉誠[13]，死節之民，而世少之曰「失計之民」也。寡聞從令[14]，全法之民也，而世少之曰「樸陋之民」也。力作而食，生利之民也，而世少之曰「寡能之民」也。嘉厚純粹，整穀[15]之民也，而世少之曰「愚戇之民」也。重命畏事，尊上之民也，而世少之曰「怯懾[16]之民」也。挫賊遏奸，明上之民也，而世少之曰「諂讒之民」也。此六民者，世之所毀也。姦偽無益之民六，而世譽之如彼；耕戰有益之民六，而世毀之如此：此之謂「六反」。布衣循私利而譽之，世主聽虛聲而禮之，禮之所在，利必加焉。百姓循私害而訾[17]之，世主壅於俗而賤之，賤之所在，害必加焉。故名賞在乎私惡當罪之民，而毀害在乎公善宜賞之士，索[18]國之富強，不可得也。

註釋

1 遠難：逃避危難。

2 降北：投降敗逃。

3 貴生：珍惜生命。
4 學道：學習道理。立方：建立學說。
5 離：通「罹」，指觸犯。
6 遊居：以遊說獲取豐富的給養。
7 牟食：指寄生蟲。
8 語曲欸知：詭辯務智。
9 㬥：冒險。徼：通「僥」，僥幸。
10 磏：磨刀石。磏勇：指有鋒芒而且勇敢。
11 活賊匿姦：救活和隱藏姦賊的人，大約是指「遊俠」。
12 任譽：負有聲譽。
13 赴險：奔赴國家危險。殉誠：為忠誠獻身。
14 寡聞：見聞很少。從令：服從法令。
15 整：正。穀：通「愨」，音確，樸實，謹啟。
16 怯懾：膽小怕事。
17 訾：詆譭
18 索：求。

譯文

害怕死亡，逃避危難，本是投降敗逃的人，世俗卻稱譽他們是珍惜生命的雅士。學做神仙，設立方術，本是違反法治的人，世俗卻稱譽他們是大有學問的文士。遊手好閒，給養豐厚，本是社會的寄生蟲；世俗卻稱譽他們是有能耐的人。歪理詭辯，玩弄智巧，本是虛偽巧詐的人，世俗卻稱譽他們是辯士智士。行俠舞劍，喜鬥好殺，本是兇暴而冒險的人，世俗卻稱譽他們是剛強威武的勇士。包庇大賊，隱藏壞人，本是該判死刑的人，世俗卻稱譽他們是仗義捨身的名士。這六種人，是社會輿論所讚美的。奔赴國難，獻身君主，本是捨生取義的人，世俗卻貶斥他們是失多得少的人。見聞很少，服從命令，本是謹守法令的人，世俗卻貶斥他們是淺薄愚昧的人。盡心耕作，自食其力，本是創造財富的人，世俗卻貶斥他們是沒有才能的人。品德優異，單純樸實，本是正派善良的人，世俗卻貶斥他們是蠢笨呆板的人。重視命令，謹慎辦事，本是尊重君主的人，世俗卻貶斥他們是膽小怕事的人。打擊賊人，止住姦人，本是提醒君主的人，世俗卻貶斥他們是奉承討好的人。這六種人，是社會輿論所詆毀的。姦詐虛偽而無益於國家的六種人，社會上是那樣地讚美他們；努力耕戰而有益於國家的六種人，社會上卻這樣地詆毀他們：這就叫做六反。平民從私利出發稱讚前六種人，當代的君主聽到虛名而尊重這些人，而得到尊重的，一定會得到好處。百姓從私害出發詆毀後六種人，當代的君主受世俗蒙蔽而鄙視他們，而受到鄙視的，一定會受到迫害。結果聲譽和賞賜歸於私下幹壞事、應當判罪的人，而詆毀和迫害卻給了為國家做好事、應當獎賞的人。這樣還想求得國家的富強，是不可能的事。

古者有諺曰：「為政猶沐也，雖有棄髮，必為之[1]。」愛棄髮之費而忘長髮之利，不知權[2]者也。夫彈痤[3]者痛，飲藥者苦，為苦憊[4]之故不彈痤飲藥，則身不活，病不已矣。今上下之接，無子父之澤[5]，而欲以行義禁下，則交必有郤矣。且父母之於子也，產男則相賀，產女則殺之。此俱出父母之懷衽，然男子受賀，女子殺之者，慮其後便，計之長利也。故父母之於子也，猶用計算之心以相待也，而況無父子之澤乎？

註釋

1 為之：指洗頭。

2 權：權衡利弊。

3 彈痤：針刺癰瘡。

4 苦憊：苦痛。

5 澤：恩澤。

譯文

古代有句諺語說：「執政好比洗頭一樣，即使會有一些頭髮掉落，仍是必須洗頭的。」看重掉頭髮的損耗而忘記促使頭髮生長的好處，是不懂得權衡利弊的人。針刺癰瘡是痛的，吃藥是苦的；因為苦痛的緣故就不刺癰和吃藥，就救不了命，治不了病。現在君臣相交，沒有父子間的恩澤，卻想用施行仁義去控制臣下，那麼君臣之間的交往必定會出現裂痕。況且父母對於子女，生了男孩就互相祝賀，生了女孩就把她殺了。子女都出自父母的懷抱，然而是男孩就受到祝賀，是女孩就殺了的原因，是考慮到今後的利益，從長遠打算的。所以父母對於子女，尚且計算利害，何況是對於沒有父子間恩澤的其他人呢？

賞析與點評

「父母之於子也，猶用計算之心」，韓非立言甚盡，其天性與童年所遇所見可知。

今學者之說人主也，皆去求利之心，出相愛之道，是求人主之過父母之親也，此不熟於論恩詐而誣也，故明主不受也。聖人之治也，審於法禁，法禁明著則官治；必於賞罰，賞罰不阿則民用。官治則國富，國富則兵強，而霸王之業成矣。霸王者，人主之大利也。人主挾大利以聽治，故其任官者當能，其賞罰無私。使士民明焉，盡力致死，則功伐可立而爵祿可致，爵祿致而富貴之業成矣。富貴者，人臣之大利也。人臣挾大利以從事，故其行危至死，其力盡而不望[1]。此謂君不仁，臣不忠，則可以霸王矣。

註釋

1 不望：不悔。

譯文

現在學者遊說君主，都要君主拋棄求利的打算，而採用相愛的原則，這是要求君主有超過父母對於子女的親情，也就屬於不善於談論恩澤問題的謊言和欺詐了，所以明君是不接受的。聖人治理國家，一是能詳細地考察法律禁令，法律禁令清楚明白，官府事務就會得到妥善治理；二是能堅決地實行賞罰，賞罰不出偏差，民眾就會聽從使喚。民眾聽從使喚，官府事務得到妥善處理，國家就富強；國家富強，兵力就強盛。結果，統一天下的大業也就隨之完成了。統一天下，是君主最大的利益。君主懷著統一天下的目的來治理國家，所以他根據能力任用官員，實行賞罰沒有私心。要讓士人民眾明白，為國家盡力拚死，功勞就可建立，爵祿就可獲得；獲得爵祿，富貴的事業就完成了。富貴是臣子最大的利益。臣子懷著取得富貴的目的來辦事，所以他們會冒著生命危險辦事，竭盡全力，死而無怨。這叫做君主不講仁愛，臣下不講忠心，就可以因此統一天下了。

夫姦必知則備，必誅則止；不知則肆[1]，不誅則行[2]。夫陳輕貨於幽隱，雖曾、史[3]可疑也；懸[4]百金於市，雖大盜不取也。不知，則曾、史可疑於幽隱；

必知，則大盜不取懸金於市。故明主之治國也，眾其守[5]而重其罪，使民以法禁[6]而不以廉[7]止。母之愛子也倍父，父令之行於子者十母；吏之於民無愛[8]，令之行於民也萬父母。父母積愛而令窮，吏用威嚴而民聽從，嚴愛之筴亦可決矣。且父母之所以求於子也，動作則欲其安利也，行身則欲其遠罪也。君上之於民也，有難則用其死，安平則盡其力。親以厚愛關子於安利而不聽，君以無愛利求民之死力而令行。明主知之，故不養恩愛之心而增威嚴之勢。故母厚愛處，子多敗，推愛也；父薄愛教笞，子多善，用嚴也。

註釋

1 肆：放肆。

2 行：橫行霸道。

3 曾：曾參。史：史魚。二人都被認為很有道德修養的人。

5 懸：放置。

5 重其守：多設耳目防守。

6 以法禁：因為受法令約束。

7 廉：廉潔自愛。

8 吏之於民無愛：官吏對人民沒有些微關愛之心。按：這正是韓非慘苛少恩的一種表現。

譯文

姦人在一定能被察覺，才會戒懼；一定要受懲罰，才不敢再犯。在不能被察覺的情況下，他就會放肆；在不會受懲罰的情況下，他就要橫行。把廉價的東西放在冷僻之處，即使是曾參、史魚這樣有修養的人也有偷竊的嫌疑；把百金放置在鬧市中，即使出名的盜賊也不敢取走。不被察覺，曾參、史魚就可能在暗處做壞事，一定察覺，大盜就不敢在鬧市上取走放置的百金。所以明君治理國家，多設耳目，重罰罪犯，使民眾由於法令而受到約束，不靠廉潔的品德而停止作惡。母親愛護子女要倍於父親，然而父親嚴令子女的效果更十倍於母親；官吏對於民眾沒有愛心，然而對於民眾發號施令，其效果更要萬倍於父親。母親過分寵愛子女，命令就行不通；官吏運用刑罰的威嚴，命令就能讓人服從。採用威嚴的好，還是仁愛的好，由此也就可以決定。況且父母寄希望於子女的，行動上是想讓他們安全有利，做人上是想他們不去犯罪。君主對於民眾，危難時就要他們拚死作戰，安定時就要他們盡力耕作。父母懷著深厚的愛，把子女安排在安全有利的環境中，但子女卻不聽父母的話；君主在不用愛與利的條件下要求民眾為自己出死力，命令卻能行得通。明君懂得這些，所以不培養仁愛之心而加強威嚴之勢。所以母親對子女厚愛，子女多數不好，是因為溺愛的結果；父親不偏愛，常用體罰，子女多數很好，是因為嚴厲的結果。

賞析與點評

世情如此，可謂痛切。諺云：慈母多敗兒。

今家人之治產也，相忍以饑寒，相強以勞苦，雖犯軍旅之難，饑饉之患，溫衣美食者必是家也；相憐以衣食，相惠以佚樂，天饑歲荒，嫁妻賣子者必是家也。故法之為道[1]，前苦而長利；仁之為道，偷樂而後窮。聖人[2]權其輕重，出其大利，故用法之相忍，而棄仁人之相憐也。學者之言皆曰「輕刑」，此亂亡之術也。凡賞罰之必者，勸禁也[3]。賞厚，則所欲之得也疾；罰重，則所惡之禁也急。夫欲利者必惡害，害者，利之反也。反於所欲，焉得無惡？欲治者必惡亂，亂者，治之反也。是故欲治甚者，其賞必厚矣；其惡亂甚者，其罰必重矣。今取於輕刑者，其惡亂不甚也，其欲治又不甚也。此非特無術也，又乃無行。是故決賢、不肖、愚、知之美，在賞罰之輕重。且夫重刑者，非為罪人也。明主之法，揆[4]也。治賊，非治所揆也；所揆也者，是治死人也。刑盜，非治所刑也；治所刑也者，是治胥靡[5]也。故曰：重一姦之罪而止境內之邪[6]，此所以為治也。重罰者，盜賊也；而悼懼者，良民也。欲治者奚疑於重刑！若夫厚賞者，非獨賞功也，又勸一國。受賞者甘利，未賞者慕業，是報一人之功而勸境內之眾也，欲治者何疑於厚賞！今不知治者皆曰：「重刑傷民，輕刑可以止姦，何必於重哉？」此不察於治者也。夫以重止者，未必以輕止也；以輕止者，必以重止矣。是以上設重刑者而姦盡止，姦盡止，則此奚傷於民也？所謂重刑者，姦之所利者細，而上之所加焉者大也。民不以小利蒙大罪，故姦必止也。所謂輕刑者，姦之所利者大，上之所加焉者小也。民慕其利而傲[7]其罪，故奸不止也。故先聖[8]有諺曰：「不躓[9]於山而躓於垤[10]。」山者大，故人順之；垤微小，故人易之也。今輕刑罰，民必易[11]之。犯而不誅，是驅國而棄之也；犯而誅之，是為民設陷也。是故輕罪者，民之垤也。是以輕罪之為道也，非亂國也，則設民陷也，此則可謂傷民矣！

註釋

1 道：原則。
2 聖人：理想中實行法治的君主。
3 必：堅決。勸禁：鼓勵和禁止，指賞罰堅決，是為了鼓勵立功和禁止犯罪。
4 揆：度量。
5 胥靡：犯輕罪被罰苦役的人。
6 按：此句指對一個壞人的罪行施加重罰，目的是用來禁止全境內的姦邪。
7 傲：輕視。
8 先聖：疑指傳說中的黃帝。
9 躓：跌倒。
10 垤：小土堆。
11 易：輕忽。

譯文

現在普通人家治理產業，用忍受饑寒來相互勉勵，用吃苦耐勞來相互督促，即使遭到戰爭的災難，荒年的禍患，仍然能吃飽穿暖的，一定是這種人家；用吃好穿好來相互愛憐，用安逸享樂來相互照顧，遇到災荒年月，賣妻賣兒的，一定是這種人家。所以把法作為治國原則，雖在開始時艱苦，日後定得長遠益處；把仁作為治國原則，雖有一時的快樂，日後必定困苦交迫。聖人權衡法和仁的輕重，選擇利益最大的一方，所以用法來相互強制，而拋棄仁人的相互憐愛。學者的話都說要減輕刑罰，這是亂國亡身的方法。大凡賞罰堅決，是為了鼓勵立功和禁止犯罪。賞賜優厚，想要的東西就會迅速得到；刑罰加重，厭惡的東西就能很快禁止。要想得到利益的人必然厭惡禍害，禍害是和利益相反的東西。違反自己的欲望，怎能不厭惡呢？要想治理好國家的人必然厭惡動亂，動亂是安定的反面。因此迫切希望治理好國家的人，賞賜一定優厚；非常厭惡動亂的人，刑罰一定很重。現在主張輕刑的人，不太厭惡動亂，也不太想治理好國家。這種人不但不懂策略，也不懂道理。因此判斷一個人賢與不賢、笨與智的方法，在於他對賞罰輕重的看法。況且重刑，不單是為的懲罰人。明君的法度是供人度量行為的準則。懲治大盜，不只是懲治大盜本身；如果只是懲治大盜本身，那不過是懲治了一個死囚。對小偷用刑，不只是懲治小偷本身；如果只是懲治小偷本身，那不過是懲治了一個苦役犯。所以說：嚴懲一個壞人的罪行來禁止境內的姦邪，這才是懲治的目的。受到重罰的是盜賊，因而害怕犯罪的是良民。想治理好國家的人對重刑還有什麼可顧忌的呢！至於優厚的賞賜，不只是獎賞功勞，還可以勉勵全國民眾。受到賞賜的樂於得利，未得賞賜的羨慕受賞者的功業。這是酬勞一個人的功業而勉勵了國內民眾。想治理好國家的人對厚賞還有什麼可顧忌的呢！現在不懂治國的人都說：「重刑會傷害民眾，如果輕刑已能制止姦邪了，何苦定要實行重刑呢？」這是不懂得治理國家的言論。用重刑能制止的，用輕刑未必能制止；用輕刑能制止的，用重刑一定能制止。因此君主設置重刑的條件下，姦邪全部得到制止；姦邪全部得到制止，這怎麼會傷害民眾呢？所謂重刑，是要使姦人得到的利益小，而君主給予的懲罰重。人們不想因小利而蒙受大罪，所以姦邪必被制止。所謂輕刑，是要使奸人得到的利益大，而君主給予的懲罰輕。人們嚮往大利而不怕犯罪，所以姦邪制止不了。所以先聖有句諺語說：「人不會被高山絆倒，卻會被小土堆絆倒。」山大，所以人們會小心謹慎；土堆小，所以人們粗心大意。要是實行輕刑，民眾一定忽視它。民眾犯了罪而不處罰，等於驅使國人犯罪而拋棄他們；讓人犯了罪再加以懲罰，等於給民眾設置了陷阱。因此，輕刑正如會使民眾不經意而摔跤的小土堆。因而把輕刑作為治理民眾的原則，不是導致國家混亂，就是為民眾設置陷阱，這才叫傷害民眾啊！

今學者皆道書策[1]之頌語[2]，不察當世之實事，曰：「上不愛民，賦斂常重，則用不足而下恐上，故天下大亂。」此以為足其財用以加愛焉，雖輕刑罰，可以治也。此言不然[3]矣。凡人之取重賞罰，固已足之之後也；雖財用足而後厚愛之，然而輕刑猶之[4]亂也。夫富家之愛子，財貨足用，貨財足用則輕用，輕用則侈泰[5]。親愛之則不忍[6]，不忍則驕恣[7]。侈泰則家貧，驕恣則行暴[8]。此雖財用足而愛厚，輕利之患也。凡人之生也，財用足則隳[9]於用力，上治懦[10]則肆[11]於為非。財用足而力作者，神農也；上治懦而行修者，曾、史也，夫民之不及神農、曾、史亦明矣。

註釋

1 書策：典籍。
2 頌語：歌功頌德的說話。
3 不然：不對的。
4 猶之：仍然。
5 侈泰：揮霍無道。
6 不忍：指不忍心約束子女。

7 驕肆：驕橫放縱。

8 暴：暴虐。

9 㦈：懶惰。

10 懦：軟弱。

11 肆：放縱。

譯文

現在的學者都稱引典籍中歌功頌德的話，而不考察當代的實際情況，說什麼：「君主不愛民眾，賦稅總是很重，於是民眾因用度不足而怨恨君主，所以導致天下大亂。」這是認為使百姓財用富足並施加仁受，即使減輕刑罰，國家也可以治理好。這話就不對了。大凡受到嚴懲的人，本來就是在財用富足後才犯罪的；即使財用富足後君主加以厚愛，並進而使用輕刑，還是會走向混亂的。母親溺愛子女，提供的財貨足夠他們花用了；財貨足夠花用，他們就會濫用；一旦濫用，就會揮霍無度，溺愛子女，就不能堅決加以約束；不能堅決加以約束，就會使他們驕橫放縱。揮霍無度，家境就會貧困；驕橫放縱，行為就會暴虐。這就是財用富足並加以厚愛、使用輕刑造成的禍患。大凡人的本性，財用富足了，就會懶於勞作；刑法不嚴厲，就會放肆地幹壞事。財用富足還努力勞作的，只有古代的神農氏；君主治國手段不嚴厲而行為能保持美好的，只有曾參、史魚。民眾比不上神農氏、曾參、史魚是很清楚的。

老聃[1]有言曰：「知足不辱，知止不殆。」夫以殆辱之故而不求於足之外[2]者，老聃也。今以為足民而可以治，是以民為皆如老聃。故桀貴在天子而不足於尊，富有四海之內而不足於寶。君人者雖足民，不能足使為天子，而桀未必以天子為足也。則雖足民，何可以為治也？故明主之治國也，適其時事[3]以致財物，論[4]其稅賦以均貧富，厚其爵祿以盡賢能，重其刑罰以禁姦邪，使民以力得富[5]，以事致貴[6]，以過受罪，以功致賞，而不念慈惠[7]之賜，此帝王之政也。

註釋

1 老聃：即老子，姓李名耳，道家創始人物。

2 足之外：已經滿足以後。

3 適其時事：適時應事。

4 論：論定。

5 以力得富：通過努力耕種而獲得財富。

6 以事致貴：因軍功而獲得爵位。

7 慈惠：仁慈和惠愛。

譯文

老子說：「知道滿足就不會受到恥辱，知道適可而止就不會有危險。」因為危險和恥辱的緣故，在滿足之後不再要求什麼的人，只有老子。現在認為使民眾富足就可以治理好國家，這是把民眾都看作老子了。所以夏桀貴為天子而不滿足於自己的尊貴，富有四海而不滿足於自己的財寶。做君主的縱然使民眾富足，但不能使他們富足得像天子一樣，而夏桀也未必以天子為滿足；那麼縱然使民眾富足，又怎麼能用來作為治國的原則呢？所以，明君治理國家，適時應事來獲得財物，確定賦稅來調節貧富；厚賞爵祿使人們竭盡才能，加重刑罰來禁止奸邪；使民眾依靠出力才得到富裕，依靠功業才獲得尊貴。因犯罪受到懲罰，因立功獲得獎賞，而不考慮仁慈恩惠的賞賜，這是成就帝王大業的政治措施。

人皆寐[1]，則盲者不知[2]；皆嘿[3]，則暗者[4]不知。覺而使之視，問而使之對，則暗盲者窮[5]矣。不聽其言也，則無術者不知；不任其身也，則不肖者不知。聽其言而求其當，任其身而責其功，則無術不肖者[6]窮矣。夫欲得力士而聽其自言，雖庸人與烏獲[7]不可別也；授之以鼎俎[8]，則罷健效[9]矣。故官職者，能士之鼎俎也，任之以事而愚智分矣。故無術者得於不用，不肖者得於不任。言不用而自文以為辯，身不任者而自飾以為高。世主眩其辯、濫其高而尊貴之，是不須[10]視而定明也，不待對而定辯也，暗盲者不得矣。明主聽其言，必責其用；觀其行，必求其功。然則虛舊之學[11]不談，矜誣之行[12]不飾[13]矣。

註釋

1 寐：睡覺。

2 盲者不知：難以分辨誰是瞎子。

3 嘿：通「默」，不作聲。

4 暗者：啞的。

5 窮：原形畢露。

6 無術：沒有本領。不肖：沒有德才。

7 烏獲：秦武王時的大力士。

8 鼎：大鼎。俎：放置祭品的几案，均指笨重的青銅器皿。按：古代力士常以舉鼎來比試氣力。

9 罷：通「疲」，弱也。健：壯健。效：分明，清楚。

10 須：等待。

11 虛舊之學：虛偽陳腐的學說。

12 矜誣之行：自大虛妄的行為。

13 飾：掩飾。

譯文

人都睡著了，就不知道誰是瞎子；都不說話，就不知道誰是啞巴。睡醒後讓他們看東西，提問題讓他們來回答，那麼啞巴、瞎子就原形畢露了。不聽他言語，沒有本領的人就不能發現；不讓他任職，沒有德才的人就不能發現。聽他說話而責求他有相應行動，讓他任職而責求他能把事辦成，那麼沒有本領、德才不好的人就原形畢露了。要想得到大力士，卻光憑自己介紹，普通人和烏獲就無法加以區別。把巨大的鼎和几案交給他們舉，是疲弱還是勇健就表現出來了。所以官職是試驗人們才能的巨鼎大案，讓他們辦事，是愚蠢還是聰明就區別出來了。所以沒有本領的人從君主不檢查自己言論中取利，德才不好的人從君主不任用自己辦事中取利。君主不檢查他的言論，他就自吹善辯；君主不任用他辦事，他就自命高明。當代君主迷惑于他的善辯，輕易相信他的高明，從而尊重他們；這是不等看東西就斷定他眼明，不等說話就判定他口才好，這樣，啞巴和瞎子就無從得知了。明君聽取言論一定要責求實用，觀察行為一定要責求功效，這樣，虛偽陳腐的學說就沒有人再談了，虛妄自大的行為就掩飾不住了。

五蠹

本篇導讀——

本篇原為第四十九篇，題為〈五蠹〉，即五種蛀蟲。本篇要旨有三：一、歷史進化觀：韓非指出文明隨時代而演進。他比較上古、中世、當代的根本不同，指出「上古競於道德，中世逐於智能，當今爭於氣力。」二、政治革新觀：韓非認為由於時代環境的實際改變，政治措施遂必須隨之更改，君主必須避免「搆木鑽燧於夏后之世」和「決瀆於殷周之世」的謬誤，並以「守株待兔」的寓言故事教訓那些抗拒改變的頑固派。三、剷除五蠹觀：韓非認為社會上有五種蛀蟲，必須加以剷除。他認為農戰才是當今社會立國的良策，故必須對付這些損害國家利益的人。「五蠹」是指學者、言談者、帶劍者、患御者和商工之民。韓非認為此五者皆國之蝨賊，君主要「除此五蠹之民」、「養耿介之士」，方可以成就「超五帝，侔三王」的偉大功業。

上古之世，人民少而禽獸眾，人民不勝[1]禽獸蟲蛇。有聖人作[2]，搆[3]木為巢以避群害，而民悅之，使王天下，號曰有巢氏。民食果蓏[4]蚌蛤，腥臊惡臭而傷害腹胃，民多疾病。有聖人作，鑽燧[5]取火以化腥臊，而民悅之，使王天下，號之曰燧人氏。中古之世，天下大水，而鯀、禹決瀆[6]。近古之世，桀、紂暴亂，而湯、武征伐。今有搆木鑽燧於夏后氏之世者，必為鯀、禹笑矣；有決瀆於殷、周之世者，必為湯、武笑矣。然則今有美堯、舜、鯀、禹、湯、武之道於當今之世者，必為新聖[7]笑矣。是以聖人不期修古[8]，不法常可[9]，論世之事，因為之備[10]。宋有人耕田者，田中有株，兔走觸株，折頸而死，因釋其耒而守株，冀復得兔，兔不可復得，而身為宋國笑。今欲以先王之政，治當世之民，皆守株之類也。

註釋

1 不勝：不敵。

2 作：出現。劉勰《文心雕龍．徵聖》：「作者曰聖，述者曰明。」

3 搆：音構。搆木為巢：用樹枝搭成像鳥巢的住處。

4 蓏：音裸；果蓏，瓜果。

5 燧：古時生火的工具。

6 決瀆：疏濬河道。

7 新聖：當世的聖人，而韓非專指能施行法制和統治術的君主。

8 不期：不羨慕。修古：遠古理想的治世。

9 不法：不效法。常可：永恒的舊俗。

10 備：相應的措施。

譯文

在上古時代，人口稀少，鳥獸眾多，人民受不了禽獸蟲蛇的侵害。這時候出現了一位聖人，他發明在樹上搭窩棚的辦法，用來避免遭到各種傷害；人們因此很愛戴他，推舉他來治理天下，稱他為有巢氏。當時人民吃的是野生的瓜果和蚌蛤，腥臊腐臭，傷害腸胃，許多人得了疾病。這時候又出現了一位聖人，他發明鑽木取火的方法燒烤食物，除掉腥臊臭味；人們因而很愛戴他，推舉他治理天下，稱他為隧人氏。到了中古時代，天下洪水氾濫，鯀和他的兒子禹先後負責疏通河道，排洪治災。近古時代，夏桀和殷紂的統治殘暴昏亂，於是商湯和周武王起兵討伐。如果到了夏朝，還有人用在樹上搭窩棚居住和鑽木取火的辦法生活，那一定會被鯀、禹恥笑了；如果到了殷周時代，還有人要把挖河排洪作為要務的話，那就一定會被商湯、武王所恥笑。既然如此，那麼在今天要是還有人推崇堯、舜、禹、湯、武王的政治並加以實行的人，定然要被現代的聖人恥笑了。因此，聖人不期望照搬古法，不死守陳規舊俗，而是根據當前社會的實際情況，進而制定相應的政治措施。有個宋人在田裏耕作；田中有一個樹樁，一隻兔子奔跑時撞在樹樁上碰斷了脖子死了。從此這個宋人放下手中的農具，守在樹樁旁邊，希望再撿到死兔子。他當然不可能再得到兔子，自己倒成了宋國的一個笑話。現在假使還要用先王的政治來治理當代的民眾，那就無疑屬於守株待兔之類的人了。

賞析與點評

王充《論衡・謝短篇》云：「知古不知今，謂之陸沉」，「知今不知古，謂之盲瞽」，論較折中。又，諸子論愚癡者，時以宋人為例。如此處「守株待兔」佳喻，亦自千古。

古者[1]丈夫不耕，草木之實[2]足食也；婦人不織，禽獸之皮足衣也。不事力而養足[3]，人民少而財有餘，故民不爭。是以厚賞不行，重罰不用，而民自治[4]。今人有五子不為多，子又有五子，大父[5]未死而有二十五孫[6]。是以人民眾而貨財寡，事力勞而供養薄[7]，故民爭，雖倍賞累罰[8]而不免於亂[9]。

註釋

1 古者：上古之世。

2 實：果實。按：此為古代採集食物的經濟活動。

3 養足：給養充裕。

4 自治：自然安定。韓非特別指出賞罰在這個時代並不發生作用。

5 大父：祖父。

6 按：此指人口以幾何級數倍增。這種思想，已接近十九世紀初馬爾撒斯的《人口論》。

7 事力：勞動生產。供養薄：物資供給稀少。

8 倍賞累罰：加倍的賞和罰。

9 亂：爭奪。

譯文

在古代，男人不用耕種，野生的果實足夠吃的；婦女不用紡織，禽獸的皮足夠穿的。不用費力而供養充足，人口少而財物有餘，所以人們之間用不著爭奪。因而不實行厚賞，也不實行重罰，而民眾自然安定無事。現在人們養有五個兒子並不算多，每個兒子又各有五個兒子，祖父還沒有死就會有二十五個孫子。因此，人口多了，而財物缺乏；費盡力氣勞動，還是不夠吃用。所以民眾互相爭奪，即使加倍地獎賞和不斷地懲罰，結果仍然免不了要發生混亂。

堯之王天下也，茅茨不翦[1]，采椽不斲[2]；糲粢之食[3]，藜藿之羹[4]；冬日麑裘[5]，夏日葛衣[6]；雖監門之服養[7]，不虧於此矣。禹之王天下也，身執耒臿[8]以為民先，股無胈[9]，脛[10]不生毛，雖臣虜[11]之勞，不苦於此矣。以是言之，夫古之讓[12]天子者，是去[13]監門之養，而離臣虜之勞也，古傳天下而不足多[14]也。今之縣令，一日身死，子孫累世絜駕[15]，故人重之。是以人之於讓也，輕辭古之天子，難去今之縣令者，薄厚[16]之實異也。夫山居而谷汲者[17]，膢臘而相遺以水[18]；澤居苦水[19]者，買庸而決竇[20]。故饑歲之春，幼弟不饟[21]；穰歲[22]之秋，疏客必食。非疏骨肉愛過客也，多少之實[23]異也。是以古之易財[24]，非仁也，財多也；今之爭奪，非鄙[25]也，財寡也。輕辭天子，非高[26]也，勢薄[27]也；爭仕託[28]，非下也，權重也。故聖人[29]議多少、論薄厚為之政。故罰薄不為慈，誅嚴不為戾，稱俗[30]而行也。故事因[31]於世，而備[32]適於事。

註釋

1 茅茨：用茅草蓋房屋。翦：音剪。不翦：不修飾。
2 采椽：用櫟木做的椽子。不斫：不砍削。以上均指房屋極簡陋。
3 糲粢之食：粗劣的食品。
4 藜藿之羹：用野菜、豆葉做湯。
5 麑裘：幼鹿皮做的衣服。
6 葛衣：葛布做的衣服。以上均指衣服的粗劣。
7 監門：看守城門的人。服養：穿和吃的。
8 執耒臿：拿著最原始的農具。
9 股：大腿。無胈：沒有完整的腳毛。
10 脛：小腿。

11 臣虜：奴隸。

12 讓：辭讓，禪讓。

13 去：擺脫。

14 不足多：不值得讚嘆或重視。

15 累世：世世代代。絜駕：乘坐馬車。

16 厚薄：實際利益。

17 山居谷汲：居在山上但要到山下溪谷取水。

18 膢臘：祭祀的節日。遺：贈送。

19 澤居：居住在沼澤區。苦水：常有水災的苦惱。

20 買庸：顧用傭工。決竇：挖渠排水。

21 不饟：因不夠糧食而挨餓。

22 穰歲：豐收的年歲。

23 多少之實：存糧的多寡。

24 易財：輕視物資。

25 鄙：卑鄙。

26 非高：並不是品德高尚。

27 勢薄：權勢很少。
28 仕託：或作士橐。爭仕託：指爭取做官或依託於權門貴族。
29 聖人：此指能因應時勢而施政的優秀君主。
30 稱俗：根據當時的情勢。
31 因：因應。
32 備：措施。

譯文

堯統治天下的時候，住的是沒經修整的茅草房，連棟木椽子都不曾刨光；吃的是粗糧，喝的是野菜湯；冬天披獲小鹿皮，夏天穿著麻布衣。就是現在看門奴僕的生活，也不比這差。禹統治天下的時候，親自拿著鍬鋤帶領人們幹活，累得大腿消瘦，小腿上的汗毛都磨掉了，就是奴僕們的勞役也不比這苦。這樣說來，古代把天子的位置讓給別人，不過是逃避看門奴僕般的供養，擺脫奴隸樣的繁重苦勞罷了；所以把天下傳給別人也並不值得讚美。如今的縣令，一旦死了，他的子孫世世代代總有高車大馬，所以人們都很看重。因此，人們對於讓位這種事情，可以輕易地辭掉古代的天子，卻難以捨棄今天的縣官；原因即在其間實際利益的大小很不一樣。居住在山上要到山下溪谷汲水的人，逢年過節用水作為禮品互相贈送；居住在沼澤窪地，飽受水澇災害的人，卻要僱人來挖渠排水。所以在荒年青黃不接的時候，就連自己的幼弟來了也不肯管飯；在好年成的收穫季節，即使是疏遠的過客也總要招待吃喝。不是有意疏遠自己的骨肉而偏愛過路的客人，而是因為存糧多少的實際情況不同。因此，古人輕視財物，並不是因為仁義，而是由於財多；今人互相爭奪，並不是因為卑鄙，而是由於財少。古人輕易辭掉天子的職位，並不是什麼風格高尚，而是因為權勢很小；今人爭奪官位或依附權勢，也不是什麼品德低下，而是因為權大勢重。所以聖人要衡量財物多少、權勢大小的實況制定政策。刑罰輕並不是仁慈，刑罰重並不是殘暴，適合社會狀況行動就是了。因此，政事要根據時代變化，措施要針對社會事務。

賞析與點評

此從物質經濟立論，自有至理，但理不盡此而已。

古者大王處豐、鎬[1]之間，地方百里，行仁義而懷西戎，遂王天下。徐偃王[2]處漢東，地方五百里，行仁義，割地而朝者三十有六國。荊文王[3]恐其害己也，舉兵伐徐，遂滅之。故文王行仁義而王天下，偃王行仁義而喪其國，是仁義用於古而不用於今也。故曰：世異則事異[4]。當舜之時，有苗不服，禹將伐之。舜曰：「不可。上德不厚而行武，非道也。」乃修教三年，執干戚舞[5]，有苗乃服。共工之戰，鐵銛短者及乎敵[6]，鎧甲不堅者傷乎體[7]。是干戚用於古不用於今也。故曰：事異則備變[8]。上古競於道德，中世逐於智謀，當今爭於氣力[9]。齊將攻魯，魯使子貢說之。齊人曰：「子言非不辯也，吾所欲者土地也，非斯言所謂也。」遂舉兵伐魯，去門十里以為界。故偃王仁義而徐亡，子貢辯智而魯削。以是言之，夫仁義辯智，非所以持國也。去偃王之仁，息子貢之智，循[10]徐、魯之力，使敵萬乘，則齊、荊之欲[11]不得行於二國矣。

註釋

1 豐鎬：西周的兩個都城。

2 徐偃王：相傳周穆王時徐國的君主，在國內號稱偃王。

3 荊文王：春秋時代楚文王貲，上距周穆王約三百年，恐有誤。按：周穆王時的楚國君主是熊勝。據《竹書紀年》載：「穆王十四年，王帥楚子代徐戎，克之」，或即此事。

4 世異則事異：時代不同，事情就改變了。

5 執干戚舞：手執兵器跳舞，以感化苗民。

6 鐵銛：鐵製的鍤。及乎敵：被敵人擊中。

7 鎧甲：盔甲。傷乎體：身體被傷害。

8 事異則備變：面對事情不同，則措施亦需作相應改動。

9 按：韓非把歷史分為三個不同階段，即上古、中世、當今。

10 循：依靠。

11 欲：欲望，指齊楚兩國的擴張政策。

譯文

古代周文王地處豐、鎬一帶，方圓不過百里，他施行仁義的政策感化了西戎，進而統治了天下。徐偃王統治著漢水東面的地方，方圓有五百里，他也施行仁義的政策，有三十六個國家向他割地朝貢。楚文王害怕徐國會危害到自己，便出兵伐徐滅了徐國。所以周文王施行仁義得了天下，而徐偃王施行仁義卻亡了國；這證明仁義只適用於古代而不適用於今天。所以說：時代不同了，政事就會隨之不同。在舜當政的時候，苗族不馴服，禹主張用武力去討伐，舜說：「不行。我們推行德教還不夠深就動用武力，不合乎道理。」於是便用三年時間加強德教，拿著盾牌和大斧跳舞，苗族終於歸服了。到了共工打仗的時候，武器短的會被敵人擊中，鎧甲不堅固的便會傷及身體；這表明拿著盾牌和大斧跳舞的德政方法只能用於古代而不能用於當今。所以說：情況變了，措施也要跟著改變。上古時候人們在道德上競爭高下，中古時候人們在智謀上角逐優劣，當今社會人們在力量上較量輸贏。齊國準備進攻魯國，魯國派子貢去說服齊人。齊人說：「你的話說得不是不巧妙，然而我想要的是土地，不是你所說的這套空話。」於是出兵攻打魯國，把齊國的國界推進到距魯國都城只有十里遠的地方。所以說徐偃王施行仁義而徐亡了國，子貢機智善辯而魯失了地。由此說來，仁義道德、機智善辯之類，都不是用來保全國家的正道。如果當初拋棄徐偃王的仁義，不用子貢的巧辯，而是依靠徐、魯兩國的實力，去抵抗有萬輛兵車的強敵，那麼齊、楚的野心也就不會在這兩個國家裏得逞了。

夫古今異俗，新故異備[1]。如欲以寬緩之政，治急世[2]之民，猶無轡策[3]而

御馬，此不知之患也。今儒、墨皆稱先王兼愛天下，則視民如父母。何以明[4]其然也？曰：「司寇行刑，君為之不舉樂[5]；聞死刑之報，君為流涕。」此所舉[6]先王也。夫以君臣為如父子則必治，推是言之，是無亂父子[7]也。人之情性，莫先於父母，皆見愛而未必治[8]也，雖厚愛矣，奚遽不亂[9]？今先王之愛民，不過父母之愛子，子未必不亂也，則民奚遽治哉？且夫以法行刑，而君為之流涕，此以效[10]仁，非以為治也。夫垂泣不欲刑者，仁也；然而不可不刑者，法也。先王勝[11]其法，不聽其泣，則仁之不可以為治亦明矣。

註釋

1 古今異俗，新故異備：因時代變遷，古今風俗大不相同。因此，新時代的施政舉措也不一樣。
2 急世：急劇變動的戰國晚年。
3 轡策：馬轡馬鞭。
4 明：證明。
5 舉樂：作樂。
6 舉：稱說，提出。

7 亂父子：父不慈，子不孝，而相為暴亂。
8 未必治：不一定能夠相親相愛。
9 奚遽不亂：何以見得便一定會和睦？
10 效：表現。
11 勝：實行。

譯文

古今社會風俗不同，新舊政治措施也不一樣。如果想用寬大和緩的政策去治理劇變時代的民眾，就好比沒有韁繩和鞭子卻要去駕馭烈馬一樣，這就會產生不明智的禍害。現在，儒家和墨家都稱頌先王，說他們博愛天下一切人，就如同父母愛子女一樣。用什麼證明先王如此呢？他們說：「司寇執行刑法的時候，君主為此停止奏樂；聽到罪犯被處決的報告後，君主難過得流下眼淚。」這就是他們所讚美的先王。如果認為君臣關係能像父子關係一樣，天下必能治理得好，由此推論開去，就不會存在父子之間發生糾紛的事了。從人類本性上說，沒有什麼感情能超過父母疼愛子女的，然而大家都一樣疼愛子女，家庭卻未必就和睦。君主即使深愛臣民，何以見得天下就不會發生動亂呢？何況先王的愛民不會超過父母愛子女，子女不一定不背棄父母，那麼民眾何以就能靠仁愛治理好呢？再說按照法令執行刑法，而君主為之流淚；這不過是用來表現仁愛罷了，卻並非用來治理國家的。流淚而不想用刑，這是君主的仁愛；然而不得不用刑，這是國家的法令。先王首先要執行法令，並不會因為同情而廢去刑法，那麼不能用仁愛來治理國家的道理也就明白無疑了。

且民者固[1]服於勢，寡能懷於義。仲尼，天下聖人也，修行明道以遊海內[2]，海內說[3]其仁、美其義而為服役者七十人。蓋貴仁者寡，能義者難也。故以天下之大，而為服役者七十人，而仁義者[4]一人。魯哀公，下主[5]也，南面君國，境內之民莫敢不臣。民者固服於勢，勢誠易[6]以服人，故仲尼反為臣而哀公顧[7]為君。仲尼非懷其義，服其勢也。故以義，則仲尼不服於哀公；乘勢，則哀公臣仲尼。今學者之說人主也，不乘必勝之勢，而務行仁義則可以王，是求人主之必及仲尼，而以世之凡民皆如列徒，此必不得之數也。

註釋

1 固：本來。

2 遊海內：周遊列國。

3 說：悅。

4 仁義者：指孔子。

5 下主：不高明的君主。

6 誠易：真的較容易。

7 顧：反而。

譯文

況且人們本來就屈服於權勢，很少能被仁義感化的。孔子是天下的聖人，他修養身心，宣揚儒道，周遊列國，可是天下讚賞他的仁、頌揚他的義並肯為他效勞的只有七十人，可見看重仁的人很少，能行義的人實在難得。所以天下這麼大，願意為他效勞的只有七十人，而宣導仁義的只有孔子一個。魯哀公是個不高明的君主，面南而坐，統治魯國，國內的人沒有敢於不服從的。民眾總是屈服於權勢，權勢也確實容易使人服從；所以孔子反倒做了臣子，而魯哀公卻成了君主。孔子並不是服從於魯哀公的仁義，而是屈服於他的權勢。因此，要講仁義，孔子就不會屈服於哀公；要講權勢，哀公卻可以使孔子俯首稱臣。現在的學者們遊說君主，不是要君主依靠可以取勝的權勢，而致力於宣揚施行仁義就可以統治天下；這就是要求君主一定能像孔子那樣，要求天下民眾都像孔子門徒。這在事實上是肯定辦不到的。

今有不才[1]之子，父母怒之弗為改，鄉人譙[2]之弗為動，師長教之弗為變。夫以父母之愛、鄉人之行、師長之智，三美加焉，而終不動其脛毛[3]。州部之吏[4]，操官兵[5]，推公法，而求索姦人，然後恐懼，變其節[6]，易其行矣。故父母之愛不足以教子，必待州部之嚴刑者，民固驕於愛、聽於威矣。故十仞之城，樓季[7]弗能逾者，峭也；千仞之山，跛牂[8]易牧者，夷[9]也。故明王峭其法而嚴其刑也。布帛尋常，庸人不釋；鑠金[10]百鎰[11]，盜蹠不掇[12]。不必害則不釋尋常，必害手則不掇百鎰。故明主必[13]其誅也。是以賞莫如厚而信，使民利之；罰莫如重而必，使民畏之；法莫如一而固，使民知之。故主施賞不遷[14]，行誅無赦，譽輔其賞，毀隨其罰，則賢不肖俱盡其力矣。

註釋

1 不才：不成才。

2 譙：譏諷、責備。
3 脛毛：小腿毛，此指不作絲毫改變。
4 州部之吏：地方官員。
5 操官兵：拿著官家的兵器。
6 變其節：改變他平日的志節。
7 樓季：魏文侯的弟弟，以擅於騰躍見稱於世。
8 跛牂：瘸腿、不良於行的母羊。
9 夷：平垣不陡峭。
10 鑠金：鎔化中的黃金。
11 鎰：二十兩。
12 掇：拾。
13 必：嚴格執行。
14 不遷：不變更。

譯文

現在假定有這麼一個不成材的兒子，父母對他發怒，他並不悔改；鄉鄰們加以責備，他無動於衷；師長教訓他，他也不改變。拿了父母的慈愛、鄉鄰的幫助、師長的智慧這三方面的優勢同時加在他的身上，而他卻始終不受感動，絲毫不肯改邪歸正。直到地方上的官吏拿著武器，依法執行公務，而搜捕壞人的時候，他這才害怕起來，改掉舊習，變易惡行。所以父母的慈愛不足以教育好子女，必須依靠官府執行嚴厲的刑法；這是由於人們總是受到慈愛就嬌縱，見到威勢就屈服的緣故。因此，八丈高的城牆，就連善於攀高騰躍的樓季也不能越過，因為太陡；千丈高的大山，就是瘸腿的母羊也可以被趕上去放牧，因為坡度平緩。所以明君總要嚴峻立法並嚴格用刑。十幾尺布帛，一般人見了也捨不得放手；熔化著的百鎰黃金，即使是盜蹠也不會伸手去拿。不一定受害的時候，十幾尺的布帛也不肯丟掉；肯定會燒傷手時，就是百鎰黃金也不敢去拿。所以明君一定要嚴格執行刑罰。因此，施行獎賞最好是豐厚而且如實給予，使人們有所貪圖；進行刑罰最好嚴厲而且肯定執行，使人們有所畏懼；法令最好是一貫而且固定，使人們都能明白。所以君主施行獎賞不隨意改變，執行刑罰不輕易赦免，對受賞的人同時給予榮譽，對受罰的人同時給予譴責。這樣一來，不管賢還是不賢的人，都會盡力而為了。

今則不然。其有功[1]也爵之，而卑其士官[2]也；以其耕作也賞之，而少其家業[3]也；以其不收也外之，而高其輕世也；以其犯禁罪之，而多其有勇也。毀譽、賞罰之所加者，相與悖繆[4]也，故法禁壞而民愈亂。今兄弟被侵，必攻者，廉[5]也；知友辱，隨仇者，貞[6]也。廉貞之行成，而君上之法犯矣。人主尊貞廉之行，而忘犯禁之罪，故民程[7]於勇，而吏不能勝也。不事力而衣食，則謂之能；不戰功而尊，則謂之賢。賢能之行成，而兵弱而地荒矣。人主說賢能之行，而忘兵弱地荒之禍，則私行立而公利[8]滅矣。

註釋

1 功：軍功。
2 卑其士官：看輕擔任軍職的。
3 少其家業：看輕從事農耕的。
4 繆：通「謬」，相與悖繆：指自相矛盾。
5 廉：方正，剛直。
6 貞：堅強。
7 程：較量。

8 公利：國家的利益。

譯文

現在就不是這樣。正是因為他有功勞才授予他爵位的，卻又鄙視做官的人；因為他從事耕種才獎賞他，卻又看不起經營家業的人；因為他不肯為公幹事才疏遠他，卻又推崇他不羨慕世俗名利；因為他違犯禁令才給他定罪，卻又稱讚他勇敢。是毀是譽，是賞是罰，執行起來竟如此自相矛盾；所以法令遭到破壞，民眾更加混亂。現在假如自己的兄弟受到侵犯就一定幫他反擊的人，被認為是正直；知心的朋友被侮辱就跟隨著去報仇的人，被認為是忠貞。這種正直和忠貞的風氣形成了，而君主的法令卻被冒犯了。君主推崇這種忠貞正直的品行，卻忽視了他們違犯法令的罪責，所以人們敢於逞勇犯禁，而官吏制止不住。對於不從事耕作就有吃有穿的人，說他有本事；對於沒有軍功就獲得官爵的人，說他有才能。這種本事和才能養成了，就會導致國家兵力衰弱、土地荒蕪了。君主讚賞這種本事和才能，卻忘卻兵弱地荒的禍害；結果謀私的行為就會得逞，而國家的利益就要落空。

儒以文[1]亂法，俠以武犯禁，而人主兼禮之，此所以亂也。夫離法[2]者罪，而諸先王以文學取；犯禁者誅，而群俠以私劍[3]養。故法之所非，君之所取；吏之所誅，上之所養也。法趣上下，四相反也，而無所定，雖有十黃帝不能治也。故行仁義者非所譽[4]，譽之則害功；工文學者非所用[5]，用之則亂法。楚之有直躬[6]，其父竊羊，而謁之吏[7]。令尹[8]曰：「殺之！」以為直於君而曲於父，報而罪之。以是觀之，夫君之直臣，父之暴子也。魯人從君戰，三戰三北[9]。仲尼問其故，對曰：「吾有老父，身死莫之養也。」仲尼以為孝，舉而上之。以是觀之，夫父之孝子，君之背臣[10]也。故令尹誅而楚姦不上聞，仲尼賞而魯民易降北[11]。上下之利[12]，若是其異也，而人主兼舉匹夫之行，而求致社稷[13]之福，必不幾[14]矣。

註釋

1 文：學問文章。
2 離法：犯法。
3 私劍：刺客。
4 非所譽：不應加以稱譽。

5 **非所用**：不應加以任用。
6 **直躬**：以直道約束自己的人。
7 **謁之吏**：向官吏舉報。
8 **令尹**，楚國宰相。**按**：此事由「直躬」向地方官舉報。由於案件的特殊性，輾轉呈報到中央，最後由令尹裁決，殺了「直躬」。
9 **三戰三北**：屢戰屢敗。
10 **背臣**：叛臣，不忠於國君的人。
11 **易降北**：容易投降或戰敗。
12 **利**：利害關係。
13 **社稷**：國家。
14 **必不幾**：必不可能。

譯文

儒家利用學問文章擾亂法紀，遊俠使用武力違犯禁令，而君主卻都加以禮待，這就是國家混亂的根源。犯法的本該判罪，而那些儒生卻靠著學問文章得到任用；犯禁的本該處罰，而那些遊俠卻靠著充當刺客得到豢養。所以，法令反對的，成了君主重用的；官吏處罰的，成了權貴豢養的。法令反對和君主重用，官吏處罰和權貴豢養，四者互相矛盾，而沒有確立一定標準，即使有十個黃帝，也不能治好天下。所以對於宣揚仁義的人不應當加以稱讚，如果稱讚了，就會妨害功業；對於從事文章學術的人不應當加以任用，如果任用了，就會破壞法治。楚國有個叫直躬的人，他的父親偷了人家的羊，他便到地方官府舉報。最後，楚國令尹指示說：「殺掉他！」認為他對君主雖算正直而對父親卻屬不孝。結果判了他死罪。由此看來，君主的忠臣倒成了父親的逆子。魯國有個人跟隨君主去打仗，屢戰屢逃；孔子向他詢問原因，他說：「我家中有年老的父親，我死後就沒人養活他了。」孔子認為這是孝子，便推舉他做官。由此看來。父親的孝子恰恰是君主的叛臣。所以令尹殺了直躬，楚國的壞人壞事就沒有人再向上告發了；孔子獎賞逃兵，魯國人作戰就要輕易地投降逃跑。君臣之間的利害得失是如此不同，而君主卻既贊成謀求私利的行為，又想求得國家的繁榮富強，這是肯定沒指望的。

古者蒼頡之作書[1]也，自環者謂之私，背私謂之公[2]，公私之相背也，乃蒼頡固以知之矣。今以為同利[3]者，不察之患也。然則為匹夫[4]計者，莫如修仁義而

習文學[5]。仁義修則見信，見信則受事；文學習則為明師，為明師則顯榮，此匹夫之美也。然則無功而受事，無爵而顯榮，有政如此，則國必亂，主必危[6]矣。故不相容之事不兩立也。斬敵者受賞，而高[7]慈惠之行；拔城者受爵祿，而信廉愛[8]之說；堅甲厲兵以備難，而美薦紳[9]之飾；富國以農，距敵恃卒，而貴文學之士；廢敬上畏法之民，而養遊俠私劍之屬。舉行如此，治強不可得也。國平[10]養儒俠，難至[11]用介士，所利非所用，所用非所利。是故服事[12]者簡[13]其業，而於遊學者日眾，是世之所以亂也。

註釋

1 蒼頡作書：傳說中創製文字的聖賢。

2 私：西周金文「私」字字型只有右邊，並略呈圓型。「公」字則在其上加上「八」字，「八」在此表示相背。韓非在字型上解釋「私」、「公」的字義，頗合文字學原理。

3 同利：指君臣上下利益一致。

4 匹夫：一般平民。

5 仁：原作行，據梁啟雄《韓淺說》改正。仁義：儒家的道德學說。文學：儒家的典籍文獻。

6 按：此以仁義、文學能夠受事、榮顯，以攻擊儒家學者將導致國家紛亂和危及人主。

7 高：推崇。

8 廉愛：方正，慈愛。

9 薦：通「搢」，插笏紳帶間。薦紳：指儒服。

10 平：平日，沒有戰爭的日子。

11 難至：外敵壓境。

12 服事：服役。

13 簡：怠墮。

譯文

古時候，蒼頡創造文字，把圍著自己繞圈子的叫做「私」。與「私」相背的叫做「公」。公和私相反的道理，是蒼頡就已經知道的。現在還有人認為公私利益相同，這是犯了沒有仔細考察的錯誤。那麼為個人打算的話，沒有什麼比修好仁義、熟悉學術的辦法更好了。修好仁義就會得到君主信任。得到君主信任就可以做官；熟悉學術就可以成為高明的老師。成了高明的老師就會顯榮。對個人來說，這是最美的事了。然而沒有功勞的就能做官。沒有爵位就能顯榮，形成這樣的政治局面，國家就一定陷入混亂，君主就一定面臨危險了。所以，互不相容的事情，是不能並存的。殺敵有功的人本該受賞，卻又崇尚仁愛慈惠的行為；攻城大功的人本該授予爵祿，卻又信奉兼愛的學說。採用堅固的鎧甲、鋒利的兵器來防備戰亂，卻又提倡寬袍大帶的服飾。國家富足靠農民，打擊敵人靠士兵，卻又看重從事於文章學術的儒生。不用那些尊君守法的人，而去收養遊俠刺客之類的人。如此理政，要想使國家太平和強盛富足是不可能的。國家太平的時候收養儒生和遊俠，危難來臨的時候要用披堅執銳的士兵；國家給予利益的人並不是國家所要用的人，而國家所要用的人又得不到任何好處，結果從事耕戰的人荒廢了自己的事業，而遊俠和學士卻一天天多了起來，這就是社會陷於混亂的原因所在。

且世之所謂賢者，貞信[1]之行也。所謂智者，微妙[2]之言也。微妙之言，上智之所難知也。今為眾人法，而以上智之所難知，則民無從識之矣。故糟糠[3]不飽者不務粱肉，裋褐[4]不完者不待文繡。夫治世之事，急者不得，則緩者非所務也。今所治之政，民間之事，夫婦所明知者不用，而慕上知之論，則其於治反矣。故微妙之言，非民務[5]也。若夫賢[6]貞信之行者，必將貴不欺之士。貴不欺之士者，亦無不欺之術也。布衣相與交，無富厚以相利，無威勢以相懼也，故求不欺之士[7]。今人主處制人之勢，有一國之厚，重賞嚴誅，得操其柄[8]，以修明術[9]之所燭[10]，雖有田常、子罕[11]之臣，不敢欺也，奚待[12]於不欺之士？今貞信之士，不盈於十，而境內之官以百數，必任貞信之士，則人不足官。人不足官[13]，則治者寡而亂者眾矣。故明主之道，一法而不求智，固術而不慕信，故法不敗而群官無姦詐矣。

註釋

1 貞信：操守和誠信。
2 微妙：精奧玄妙。
3 糟糠：最粗劣的食物。
4 裋：原作「短」，據梁啟雄《韓子淺解》改正。裋褐：粗劣的衣服。
5 務：緊急事務。
6 賢：推崇。

7 按：平民百姓交往，因沒有財富或權勢的利害關係，所以只會尋求誠實守信的人，以免受欺騙利用。

8 柄：賞罰大權。

9 明術：高明的統治術。

10 燭：照，明察。

11 田常：篡奪齊國大權的臣子。子罕：侵奪宋國君主刑罰大權的臣子。

12 奚待：何需等待。

13 人不足官：沒有足夠貞信的士擔任官員。

譯文

況且社會上所說的賢，是指忠貞不欺的行為；所說的智，是指深奧玄妙的言辭。那些深奧玄妙的言辭，就連最聰明的人也難以理解。現在制定民眾都得遵守的法令，卻採用那些連最聰明的人也難以理解的言辭，那麼民眾就無從弄懂了。所以，連糟糠都吃不飽的人，是不會追求精美飯菜的；連粗布短衣都穿不上的人，是不會期望華麗衣衫的。治理社會事務，如果緊急的還沒有辦好，那麼可從緩的就不必忙著去辦。現在用來治理國家的政治措施，屬民間習以為常的事，或普通人明知的道理也不加採用，卻去期望連最聰明的人都難以理解的說教，其結果只能是適得其反了。所以那些深奧玄妙的言辭，並不是人民所需要的。至於推崇忠貞信義的品行，必將尊重那些誠實不欺的人，而誠實不欺的人，也沒有什麼使人不行欺詐的辦法。平民之間彼此交往，沒有大宗錢財可以互相利用，沒有大權重勢可以互相威脅，所以才要尋求誠實不欺的人。如今君主處於統治地位，擁有整個國家的財富，完全有條件掌握重賞嚴罰的權力，可以運用法術來觀察和處理問題；那麼即使有田常、子罕一類的臣子也是不敢行欺的，何必尋找那些誠實不欺的人呢？現今的忠貞信義之人不滿十個，而國家需要的官吏卻數以百計。如果一定要任用忠貞信義之士，那麼合格的人就會不敷需要。合格的人不敷需要，那麼能夠把政事治理好的官就少，而會把政事搞亂的官就多了。所以明君的治國方法，在於專一地實行法治，而不尋求有智的人，牢牢掌握使用官吏的權術，而不欣賞忠貞信義的人。這樣，法治就不會遭到破壞而官吏們也不敢胡作非為了。

今人主之於言也，說其辯[1]，而不求其當[2]焉；其用於行也，美其聲，而不

責其功焉。是以天下之眾，其談言者務為辯，而不周[3]於用，故舉先王言仁義者盈廷，而政不免於亂。行身者競於為高，而不合於功，故智士退處巖穴[4]，歸祿[5]不受，而兵不免於弱，政不免於亂，此其故何也？民之所譽，上之所禮，亂國之術也。今境內之民皆言治，藏商、管之法[6]者家有之，而國愈貧；言耕者眾，執耒者寡也；境內皆言兵，藏孫、吳之書[7]者家有之，而兵愈弱；言戰者多，被甲者少也。故明主用其力，不聽其言，賞其功，必禁無用，故民盡死力以從其上。夫耕之用力也勞，而民為之者，曰：可得以富也。戰之事也危，而民為之者，曰：可得以貴也。今修文學，習言談，則無耕之勞而有富之實，無戰之危而有貴之尊，則人孰不為也？是以百人事智而一人用力，事智者眾，則法敗；用力者寡，則國貧，此世之所以亂也。故明主之國，無書簡之文[8]，以法為教；無先王之語[9]，以吏為師[10]；無私劍之捍[11]，以斬首為勇。是以境內之民，其言談者必軌[12]於法，動作者歸之於功，為勇者盡之於軍。是故無事則國富，有事則兵強，此之謂王資[13]。既畜王資而承敵國之舋[14]，超五帝侔三王者，必此法也。

註釋

1 說其辯：悅其巧言。

2 當：切當，指合適的治國方略。
3 不周：不合
4 巖穴：隱居山林洞穴。
5 歸祿：推辭俸祿。
6 商管之法：商鞅和管仲的法律學說。
7 孫吳之書：孫子、吳子兵法。
8 書簡之文：記載於簡策裏的經典。
9 無先王之語：不學習先聖王如堯、舜、禹、湯的教訓。
10 以吏為師：向熟悉法令的官員學習。
11 悍：強悍。
12 軌：合，統一。
13 王資：稱王天下的條件。
14 釁：通「釁」，瑕隙，弱點。

譯文

現在君主對於臣下的言論。喜歡悅耳動聽而不管是否恰當；對於臣下的行事，僅欣賞他的名聲而不責求做出成效。因此天下很多人說起話來總是花言巧語，卻根本不切合實用，結果弄得稱頌先王、高談仁義的人充滿朝廷，而政局仍不免於混亂，立身處世的人競相標榜清高，不去為國家建功立業。結果有才智的人隱居山林，推辭俸祿而不接受，而兵力仍不免於削弱，政局不免於混亂，這究竟是怎麼造成的呢？因為民眾所稱讚的，君主所優待的，都是些使國家混亂的行為。現在全國的民眾都在談論如何治國，每家每戶都藏有商鞅和管仲的法典，國家卻越來越窮，原因就在於空談耕作的人太多，而真正拿起農具種地的人太少。全國的民眾都在談論如何打仗，每家每戶都藏有孫子和吳起的兵書，國家的兵力卻越來越弱，原因就在於空談打仗的人太多，而真正穿起鎧甲上陣的人太少。所以明君只使用民眾的力量，不聽信高談闊論；獎賞人們的功勞，堅決禁止那些無用的言行。這樣民眾就會拚命為君主出力。耕種是需要花費氣力吃苦耐勞的事情，而民眾卻願意去幹，因為他們認為可以由此得到富足。打仗是十分危險的事情，而民眾卻願意去做，因為他們認為可以由此獲得顯貴。如今只要擅長文章學術，能說會道，無需有耕種的勞苦就可以獲得富足的實惠。無需冒打仗的危險便可以得到尊貴的官爵，那麼人們誰不樂意這樣幹呢？結果就出現了一百個人從事于智力活動，卻只有一個人致力於耕戰事業的狀況。從事於智力活動的人多了，法治就要遭到破壞；致力於耕戰事業的人少了，國家就會變得貧窮。這就是社會所以混亂的原因。因此，在明君的國家裏，不用有關學術的文獻典籍，而以法令為教本；禁絕先王的言論，而以官吏為老師；沒有遊俠刺客的兇悍，而只以殺敵立功為勇敢。這樣，國內民眾的一切言論都必須遵循法令，一切行動都必須歸於為國立功，一切勇力都必須用到從軍打仗上。正因如此，太平時期國家就富足，戰爭時期兵力就強盛，這便奠定了稱王天下的資本。既擁有稱王天下的資本，也善於利用敵國的弱點。建立超過五帝、趕上三王的功業，一定得採用這種辦法。

今則不然，士民縱恣[1]於內，言談者為勢於外[2]。外內稱惡[3]，以待強敵，不亦殆乎！故群臣之言外事者，非有分[4]於從衡之黨[5]，則有仇讎之忠，而借力於國也。從者[6]合眾強以攻一弱也，而衡者[7]事一強以攻眾弱也：皆非所以持國[8]也。今人臣之言衡者，皆曰：「不事大，則遇敵受禍矣。」事大必有實，則舉圖而委[9]，效璽而請[10]矣。獻圖則地削，效璽則名卑，地削則國削，名卑則政亂矣。事大為衡，未見其利也，而亡地亂政矣。人臣之言從者，皆曰：「不救小而伐大，則失天下，失天下則國危，國危而主卑。」救小必有實，則起兵而敵大矣。救小未

必能存，而交大未必不疏[11]，有疏則為強國[12]制矣。出兵則軍敗，退守則城拔。救小為從[13]，未見其利，而亡地敗軍矣。是故事強則以外權士官於內[14]；救小則以內重[15]求利於外。國利未立，封土厚祿[16]至矣。主上雖卑，人臣尊矣。國地雖削，私家富矣。事成則以權長重，事敗則以富退處。人主之聽說於其臣，事未成則爵祿已尊矣。事敗而弗誅，則遊說之士，孰不為用繒繳之說[17]而徼倖[18]其後？故破國亡主以聽言談者之浮說。此其故何也？是人君不明乎公私之利，不察當否之言，而誅罰不必其後也。皆曰：「外事[19]，大可以王，小可以安。」夫王者能攻人者也，而安則不可攻也。強則能攻人者也，治則不可攻也。治強不可責於外[20]，內政之有[21]也。今不行法術於內，而事智於外，則不至於治強矣。

註釋

1 縱恣：指士民不務耕戰而競於立名。

2 為勢於外：藉外力以建立權勢。

3 稱惡：作惡。

4 分：異，不同。

5 從衡之黨：合從和連橫兩派。

6 從者：主張合從的人，指山東六國合而抗秦。
7 衡者：主張連橫的人，指以秦國為主，實行遠交近攻。
8 持國：保存國家。
9 舉圖以委：送上地圖，委質稱臣。
10 效璽以請：獻上玉璽，請為附庸。
11 交大未必不疏：交結大國未必不因此而疏遠另一大國。
12 強國：指秦國。
13 救小為從：救小國是為了實行合從政策。
14 事強：事奉秦國。外權：外國有權勢的人。士：通「市」。士官：賣官。
15 內重：國內重臣。
16 封土厚祿：指這些借助外力或手執國內大權的臣子已獲取封地和厚俸。
17 繒繳：射鳥的工具；指遊說之士用來射利的浮說。
18 徼倖：僥倖的收獲。
19 外事：從事外交事務，即實行合從。
20 治強：國家安定富強不可倚靠外交活動。
21 內政之有：只能靠搞好內政。

譯文

現在卻不是這樣。儒士、遊俠在國內恣意妄為，縱橫家在國外大造聲勢。內外形勢盡行惡化，就這樣來對付強敵，不是太危險了嗎？所以那些談論外交問題的臣子們，不屬於合縱或連橫中的哪一派，就是懷有借國家力量來報私仇的隱衷。所謂合縱，就是聯合眾多弱小國家去攻打一個強大國家；所謂連橫，就是依附於一個強國去攻打其他弱國，這都不是保全國家的好辦法。現在那些主張連橫的臣子都說：「不依附大國，一遇強敵就得遭殃。」侍奉大國不一定有什麼實際效應，倒必須先獻出本國地圖，呈上政府璽印，這樣才得以請求軍事援助。獻出地圖，本國的版域就縮小了；呈上璽印，君主的聲望就降低了。版域縮小，國家就削弱了；聲望降低，政治上就混亂了。侍奉大國實行連横，還來不及看到什麼好處，卻已喪失了國土，搞亂了政治。那些主張合縱的臣子都說：「不救援小國去進攻大國，就失了各國的信任；失去了各國的信任，國家就面臨危險；國家面臨危險，君主地位就降低了。」援救小國不一定有什麼實惠可言。倒要起兵去和大國為敵。援救小國不必能使它保存下來，而進攻大國未必就不失誤。一有失誤，就要被大國控制了。出兵的話，軍隊就要吃敗仗；退守的話，城池就會被攻破。援救小國實行合縱。還來不及看到什麼好處，卻已使國土被侵吞，軍隊吃敗仗。

所以，侍奉強國，只能使那些搞連橫的人憑藉外國勢力在國內撈取高官；援救小國，只能使那些搞合縱的人憑藉國內勢力從國外得到好處。國家利益沒有確立起來，而臣下倒先把封地和厚祿都弄到手了。儘管君主地位降低了，而臣下反而抬高了；儘管國家土地削減了，而私家卻變富了。事情如能成功，縱橫家們就會依仗權勢長期受到重用；事情失敗的話，縱橫家們就會憑藉富有引退回家享福。君主如果聽信臣下的遊說，事情還沒辦成就已給了他們很高的爵位俸祿，事情失敗得不到處罰；那麼，那些遊說之士誰不願意用獵取名利的言辭不斷去進行投機活動呢？所以國破君亡局面的出現，都是因為聽信了縱橫家的花言巧語造成的。這是什麼緣故呢？這是因為君主分不清公私利益，不考察言論是否正確，事敗之後也沒有堅決地實行處罰。縱橫家們都說：「進行外交活動，收效大的可以統一天下，收效小的也可以保證安全。」所謂統一天下，提的是能夠打敗別國；所謂保證安全，指的是本國不受侵犯。兵強就能打敗別國，國安就不可能被人侵犯。而國家的強盛和安定並不能通過外交活動取得，只能靠搞好內政。現在不在國內推行法術，卻要一心在外交上動腦筋，就必然達不到國家安定富強的目的了。

鄙諺曰：「長袖善舞，多錢善賈。」此言多資之易為工[1]也。故治強易為謀，弱亂難為計。故用於秦者，十變而謀希[2]失。用於燕者，一變而計希得。非用於秦者必智，用於燕者必愚也，蓋治亂之資異[3]也。故周[4]去秦為從，期年而舉。衛離魏為衡，半歲而亡。是周滅於從，衛亡於衡也。使周、衛緩其從衡之計[5]，而嚴[6]其境內之治，明其法禁，必其賞罰，盡其地力以多其積[7]，致其民死[8]，以堅其城守，天下得其地則其利少，攻其國則其傷大，萬乘之國，莫敢自頓[9]於堅城之下，而使強敵裁[10]其弊也，此必不亡之術也。舍[11]必不亡之術，而道[12]必滅之事，治國者之過也。智困於內而政亂於外，則亡不可振[13]也。

註釋

1 多資：憑藉較多的資源。易為工：容易成功。

2 希：通「稀」。

3 治亂之資異：治和亂的條件不同。

4 周：戰國後期處於洛陽的周朝，再分裂為西周和東周兩小國。此周指西周國。

5 緩從衡之計：放棄從橫之計，因為無論是合從或連橫，皆無益於弱少之國。

6 嚴：嚴加整頓。

7 積：積蓄。
8 致其民死：使民眾拼死保護國家。
9 自頓：自陷於困窮。
10 裁：制裁。
11 舍：通「捨」，放棄。
12 道：實行。
13 振：拯救。

譯文

俗諺說：「長袖善舞，多錢善賈。」這就是說，物質條件越好越容易取得功效。所以國家安定強盛，謀事就容易成功；國家衰弱混亂，計策就難以實現。所以用於秦國的計謀，即使改變十次也很少失敗；用於燕國的計謀，即使改變一次也很難成功。這並不是被秦國任用的人智慧必高，被燕國任用的人腦子必笨，而是因為這兩個國家的實力大不相同。所以西周君背棄秦國而參加合縱，只一年就被吞滅了；衛國背離魏國參與連橫，僅半年就被消滅了。這就是說合縱滅了西周，連橫亡了衛國。假使西周和衛國不急於聽從合縱連橫的計謀，而將國內政治嚴加整頓，明定法律禁令，信守賞罰制度，努力開發土地來增加積累，使民眾拚死去堅守城池；那麼，別的國家奪得他們的土地吧，好處不多。而進攻這個國家吧，傷亡很大。擁有萬乘兵車的大國不敢自我拖累在堅城之下，從而促使強敵自己去衡量其中的害處，這才是保證本國必然不會滅亡的辦法。丟掉這種必然不會亡國的辦法，卻去搞勢必會招致亡國的事情，這是治理國家的人的過錯。外交活動陷於困境，內政建設陷於混亂，那麼國家的滅亡就無法挽救了。

賞析與點評

鄙諺曰：「長袖善舞，多錢善賈。」這個道理不但可應用於商貿和政治上，即使是撰寫著作，同樣也十分合適。韓非行文，往往能舉出數十個相近例子以資證明，這絕不是依靠超於常人的記憶力，而是經過不斷的刻苦功夫和長久的積累才能達致。除〈亡徵〉外，〈說林〉上下、〈儲說〉六篇、〈難〉一、二、三、四均是最具體的、最具說服力的例證。荀子〈勸學〉說：「騏驥一躍，不能十步，駑馬十駕，功在不捨。」韓非得其精粹矣。

民之政計，皆就安利如辟[1]危窮。今為之攻戰，進則死於敵，退則死於誅，則危矣。棄私家之事，而必汗馬之勞[2]，家困而上弗論，則窮矣。窮危之所在也，民安得勿避？故事私門[3]而完解舍[4]，解舍完則遠戰，遠戰則安。行貨賂而襲[5]當塗者則求得，求得則私安，私安則利之所在，安得勿就？是以公民[6]少而私人眾矣。

註釋

1 辟：通「避」，避免。

2 汗馬之勞：為國家作戰的辛勞。

3 事私門：事奉權門貴族。

4 完解舍：車馬免被國家徵用，完好地留在原來安置車馬的地方。

5 襲：暗中行事。

6 公民：為公家服役的民眾。

譯文

人們的正常想法，都是追求安逸和私利而避開危險和窮苦。如果讓他們去打仗。

前進會被敵人殺死，後退要受軍法處置，就處於危險之中了。放棄個人的家業，承受作戰的勞苦，家裏有困難而君主不予過問，就置於窮困之中了。窮困和危險交加，民眾怎能不逃避呢？所以他們投靠私門貴族，求得免除兵役，兵役免除了就可以遠離戰爭，遠離戰爭也就可以得到安全了。用錢財賄賂當權者就可以達到個人欲望，欲望一旦達到也就得到了實際利益。平安有利的事情明擺在那裏，民眾怎能不去追求呢？這樣一來，為公出力的人就少了，而依附私門的人就多了。

夫明王治國之政，使其商工遊食之民少，而名卑以寡[1]，趣本務[2]而減末作[3]。今世近習之請[4]行，則官爵可買；官爵可買，則商工不卑也矣。姦財貨賈[5]得用於市，則商人不少矣。聚斂倍農，而致尊過耕戰之士，則耿介之士寡而商賈[6]之民多矣。

註釋

1 名卑以寡：地位低下而人數很少。

2 趣本務：急於從事農耕。

3 末作：工商之民。

4 近習之請：請託君主親近的侍臣。

5 姦財貨賈：利用投機取得的財富去買賣貨物。

6 商賈：原作「高價」，依邵增樺《韓非子今註今譯》改正。

譯文

明君治理國家的政策，總是要使工商業者和遊手好閒的人盡量減少。而且地位卑下，目的是要使更多人從事農耕，而減少致力於工商業的人。現在社會上向君主親近的侍臣，行賄請託的風氣很流行，這樣官爵就可以用錢買到；官爵可以用錢買到，那麼工商業者的地位就不會低賤了。投機取巧非法獲利的活動可以在市場上通行，那麼商人就不會少了。他們搜括到的財富超過了農民收入的幾倍，他們獲得的尊貴地位也遠遠超過從事耕戰的人，結果剛正不阿的人就越來越少，而經營商業的人就越來越多。

是故亂國[1]之俗：其學者，則稱先王之道，以籍[2]仁義，盛容服，而飾辯

說[3]，以疑[4]當世之法，而貳[5]人主之心。其言古者，為設詐稱，借於外力，以成其私，而遺社稷之利。其帶劍者，聚徒屬，立節操[6]，以顯其名，而犯五官[7]之禁。其患御者[8]，積於私門，盡貨賂，而用重人之謁，退[9]汗馬之勞。其商工之民，修治苦窳之器[10]，聚弗靡之財，蓄積待時，而侔[11]農夫之利。此五者邦之蠹[12]也。人主不除此五蠹之民，不養耿介之士，則海內雖有破亡之國，削滅之朝[13]，亦勿怪矣。

註釋

1 亂國：政治紊亂的國家。
2 籍：依託。
3 飾辯說：修飾巧辯的言辭。
4 疑：質疑。
5 貳：動搖。
6 立節操：標榜氣節操守。
7 五官：政府不同機關。
8 患御者：逃避徭役的人。

9 退：逃避。

10 菰：音雨。苦菰之器：質量粗劣的器具。

11 侔：通「牟」，奪取。

12 蠹：音盜，蛀蟲。

13 朝：朝廷。

譯文

因此，造成國家混亂的風氣是：那些著書立說的人，稱引先王之道來宣揚仁義道德，講究儀容服飾而文飾巧辯言辭，用以擾亂當今的法令，從而動搖君主的決心。那些縱橫家們，弄虛作假，招搖撞騙，藉助於國外勢力來達到私人目的，進而放棄了國家利益。那些遊俠刺客，聚集黨徒，標榜氣節，以圖顯身揚名，結果觸犯國家禁令。那些逃避兵役的人，大批依附權臣貴族，肆意行賄，而藉助於重臣的請托，逃避從軍作戰的勞苦。那些工商業者，製造粗劣器具，積累奢侈資財。囤積居奇，待機出售，希圖從農民身上牟取暴利。上述這五種人，都是國家的蛀蟲。君主如果不除掉這五種像蛀蟲一樣的人，不廣羅剛直不阿的人，那麼天下即使出現破敗淪亡的國家，地削名除的朝廷，也不足為怪了。

賞析與點評

「故明主之國，無書簡之文，以法為教；無先王之語，以吏為師；無私劍之捍，以斬首為勇。」數語道盡先秦法家愚民之治，用百姓為牛馬虎狼，變國家為戰爭機器。

顯學

本篇導讀——

本篇原為第五十篇，題為〈顯學〉。本篇指出在戰國晚年，社會出現了儒墨兩個顯赫的學派，成為思想界的翹楚。韓非以功利主義為基礎，輔以刑名參驗手段，指斥儒墨二家是「愚誣之學，雜反之行」。韓非鼓勵人主利用權勢禁止這些「邪説」，反映其堅決主張中央集權的文化專制政策，對後世做成極惡劣的影響，包括秦始皇和李斯的「燔書坑儒」。此外，韓非亦對儒家治國要「得民之心」的主張堅決反對，認為民智不可用，並用夏禹和子產的例子來加以證明。

陳耀南按：上古學術，守於王官，春秋以來，學術下移，而又戰國趨於政治一統，韓非本文可見中央集權論者企圖管制思想學術的一種嘗試。

世之顯學[1]，儒、墨也。儒之所至[2]，孔丘也。墨之所至，墨翟[3]也。自孔子之死也，有子張之儒，有子思之儒，有顏氏[4]之儒，有孟氏之儒，有漆雕氏之儒，有仲良氏之儒，有孫氏[5]之儒，有樂正氏[6]之儒。自墨子之死也，有相里氏之墨，有相夫氏之墨，有鄧陵氏[7]之墨。故孔、墨之後，儒分為八，墨離為三，取捨相反不同，而皆自謂真孔、墨，孔、墨不可復生，將誰使定後世之學乎？孔子、墨子俱道堯、舜，而取捨[8]不同，皆自謂真堯、舜，堯、舜不復生，將誰使定儒、墨之誠[9]乎？殷、周七百餘歲[10]，虞、夏二千餘歲，而不能定儒、墨之真；今乃欲審堯、舜之道於三千歲之前，意者其不可必[11]乎！無參驗[12]而必之者，愚也；弗能必而據之者，誣也。故明據[13]先王，必定[14]堯、舜者，非愚則誣也。愚誣之學，雜反[15]之行，明主弗受也。

註釋

1 顯學：主流學派。

2 至：造詣最高。

3 翟：音狄，墨翟，墨子學派創始人，戰國時墨家學派很流行，今有《墨子》傳世。

4 顏氏：顏淵。

5 孫氏：荀況。

6 樂正氏：曾參弟子樂正子春。

7 鄧陵氏：屬南方墨者。

8 取捨：主張。

9 誠：真。

10 殷周七百餘歲：指殷周之際至今共七百多年。

11 不可必：不能確定。

12 參驗：比較驗證。

13 明據：公開宣稱依據。

14 必定：武斷地說。

15 雜反：雜亂乖悖。

譯文

世上的主流學派是儒家和墨家。儒家的代表人物是孔丘，墨家的代表人物是墨翟。自從孔子死後，有子張儒學，有子思儒學，有顏氏儒學，有孟氏儒學，有漆雕氏儒學，有仲良氏儒學，有孫氏儒學，有樂正氏儒學。自從墨子死後，有相里氏墨學，有相夫氏墨學，有鄧陵氏墨學。所以孔子、墨子死後，儒家分為八派，墨家分為三派，他們對孔、墨學說的取捨相互矛盾，各有不同，卻都稱是得了孔、墨的真傳，孔、墨兩人不能復活，叫誰來判斷社會上這些學派的真假呢？孔子、墨子全都稱道堯、舜，但他們的取捨又大不相同，卻都自稱得到了真正的堯舜之道。堯和舜不能復活，該叫誰來判定儒、墨兩家的真假呢？自儒家所稱道的殷周之際到現在七百多年，自墨家所推崇的虞夏之際到現在兩千年，就已經不能判斷儒、墨所講的是否真實了。現在還要去考察三千年前堯舜的思想，想來更是無法確定的吧！不用事實加以檢驗比較就對事物作出判斷，那就是愚蠢；不能正確判斷就引為根據，那就是欺騙。所以，公開宣稱依據先王之道，武斷地肯定堯舜的一切，不是愚蠢，就是欺騙。對於這種愚蠢欺騙的學說，雜亂矛盾的行為，明君是不能接受的。

墨者之葬也，冬日冬服，夏日夏服，桐棺三寸[1]，服喪三月，世以為儉而禮之。儒者破家[2]而葬，賃子而償[3]，服喪三年，大毀[4]扶杖，世主以為孝而禮之。夫是墨子之儉，將非孔子之侈[5]也；是孔子之孝，將非墨子之戾[6]也。今

孝、戾、侈、儉俱在儒、墨，而上兼禮之。漆雕之儀[7]，不色撓，不目逃[8]，行曲則違於臧獲[9]，行直則怒於諸侯[10]，世主以為廉而禮之。宋榮子之儀，設不鬥爭，取不隨仇，不羞囹圄[11]，見侮不辱[12]，世主以為寬而禮之。夫是漆雕之廉[13]，將非宋榮之恕也；是宋榮之寬，將非漆雕之暴也。今寬、廉、恕、暴俱在二子[14]，人主兼而禮之。自愚誣之學、雜反之辭爭，而人主俱聽之，故海內之士言無定術[15]，行無常儀。夫冰炭不同器而久[16]，寒暑不兼時而至，雜反之學不兩立而治。今兼聽雜學繆行[17]同異之辭，安得無亂乎？聽行如此，其於治人又必然矣。

註釋

1 桐棺三寸：用桐木做的棺材。桐木質地疏鬆，容易腐爛。又僅三寸厚，因墨家主張薄葬。

2 破家：傾盡家財。

3 賃子而償：使兒子傭工償債。

4 大毀：損毀身體。

5 侈：奢侈浪費。

6 戾：乖戾，違反人情，指不孝。

7 儀：原作「議」，據文意改正；以下宋榮子之「議」、行無常「議」，均一併改正。儀：行為舉止。

8 不色撓：臉上不露出任何屈服的表情。不目逃：眼裏不顯出任何怯懦逃避的神色。

9 行曲：行為不正確；違於臧獲，對奴僕也退讓。

10 行直：行為合適，理直氣壯。怒於諸侯：面對諸侯也敢於發怒。

11 囹圄：監獄。

12 見侮不辱：被別人欺侮，卻不感到受羞辱。這是宋榮子最著名的思想。

13 廉：方正，剛直。

14 二子：漆雕氏和宋榮子二人。

15 言無定術：言論沒有固定宗旨。

16 冰炭不同器而久：冰粒和熱炭不能長久地放在同一個宮器中。

17 繆：通「謬」。繆行：荒謬的行為。

譯文

墨家主張薄葬，冬天死就穿冬天的衣服，夏天死就穿夏天的衣服，只要三寸厚的桐木棺材，守喪三個月就行了，當今君主認為這是節儉，很尊崇他們。儒家主張傾家蕩產地大辦葬禮，守喪三年，要悲痛到身體受損傷、扶杖而行的程度，當今君主認為這是盡孝，很尊崇他們。要是贊成墨子的節儉，那就應該反對孔子的奢侈；要是贊成孔子的盡孝，那就應該反對墨子的乖戾不孝。現在是盡孝和乖戾、奢侈和節儉同時存在於儒、墨兩家的學説之中，而君主卻都要加以尊禮。漆雕氏的行為舉止，是臉上不露出屈服順從的表情，眼裏不顯出怯懦逃避的神色；自己錯了，即使對奴僕也要避讓；自己做得對，即使對於諸侯也敢於抗爭。當今君主認為這是為人耿直而加以尊禮。宋榮子的行為舉止則是完全不要鬥爭，絕對不要報仇，坐進監獄不感羞愧，被人欺侮不覺恥辱。當今君主認為這是為人能寬恕而加以尊崇。要是贊成漆雕氏的為人耿直，那就應該反對宋榮子的為人隨和；要是贊成宋榮子的寬容，那就應該反對漆雕氏的方正耿直。現在是寬容與耿直、隨和與兇暴同時存在於這兩個人的主張中，而君主對他們都要加以尊禮。顯然屬於愚蠢騙人的學説、雜亂乖悖的見解，而君主卻都聽信不疑；結果世上的人，説話沒有一定標準，辦事沒有固定主張。要知道，冰和炭是不能長久放在同一個器皿中，寒冷和暑熱不能同時到來，雜亂相反的學説不能兼收並蓄而治理好國家。現在君主對於那種雜亂、荒謬和矛盾百出的言行全都聽信，怎麼能不造成混亂呢？

人主聽言觀行如此雜亂顛倒，在治理民眾方面也就必然如此了。

今世之學士語治[1]者，多曰：「與貧窮地以實無資[2]。」今夫與人相若也，無豐年旁入之利，而獨以完給[3]者，非力則儉[4]也。與人相若也，無饑饉、疾疢、禍罪之殃，而獨以貧窮者，非侈則惰[5]也。侈而惰者貧，而力而儉者富。今上徵斂[6]於富人，以佈施[7]於貧家，是奪力儉而與侈惰也，而欲索民之疾作而節用，不可得也。

註釋

1 語治：討論治術。

2 與貧窮地以實無資：把土地分給貧民以充實那些沒有資產的人。

3 完給：自給自足。

4 非力則儉：不是勤力就是節儉。

5 非侈即惰：不是奢侈就是懶惰。

6 徵斂：徵收財物。

7 佈施：分別給予。

譯文

如今的學者一談起國家治理問題。總是說：「給貧窮的人一些土地，以充實他們匱乏的資財。」現在情況是，和別人的條件差不多，沒有碰上豐年，沒有額外收入的利益，但有的人獨能做到自給自足。這不是由於勤勞，就是由於節儉的緣故。和別人的條件差不多，不存在荒年、大病、橫禍、犯罪等問題，卻獨有他陷入貧窮；這不是由於奢侈，就是由於懶惰的緣故。奢侈和懶惰的人會貧窮，而勤勞和節儉的人能富足。現在君主向富足的人家徵收財物去散給貧窮的人家，這是奪去勤儉節約者的財物而送給奢侈懶惰的人。這樣還想督促民眾努力耕作，省吃儉用，就根本辦不到了。

今有人於此，義[1]不入危城，不處軍旅，不以天下大利易其脛一毛[2]，世主必從而禮之，貴其智而高其行，以為輕物重生之士也。夫上所以陳[3]良田大宅，設爵祿，所以易民死命[4]也。今上尊貴輕物重生[5]之士，而索民之出死而重殉上事[6]，不可得也。藏書策，習談論，聚徒役，服文學而議說[7]，世主必從而禮之，曰：「敬[8]賢士，先王之道也。」夫吏之所稅，耕者也；而上之所養，學士也。耕者則重稅，學士則多賞，而索民之疾作而少言談，不可得也。立節參明[9]，執操不侵[10]，怨言過於耳，必隨之以劍，世主必從而禮之，以為自好[11]之士。夫斬首之勞不賞，而家鬥[12]之勇尊顯，而索民之疾戰距敵，而無私鬥，不可得也。國平則養儒俠，難至則用介士。所養者非所用，所用者非所養，此所以亂也。且夫人主於聽學[13]也，若是其言，宜佈之官[14]而用其身；若非其言，宜去其身而息其端。今以為是也，而弗佈於官；以為非也，而不息其端[15]。是而不用，非而不息，亂亡之道也。

註釋

1 義：行為上。

2 不以天下大利易其脛一毛：此為楊朱的學說，提倡貴生貴己，故即使以天下來交換他小腿上的一條毛，也不願意。

3 陳：陳列，指給予。

4 易：換取。死命：拼死效命。

5 重生：主張貴生，貴己。
6 殉上事：為國家犧牲性命。
7 按：指儒家學者。
8 敬：禮敬。
9 立節高明：樹立氣節既高峻又明朗。
10 執操不侵：秉持志節，不受別人的陵犯。
11 自好：自喜好名。
12 家門：私門。
13 學：學士。
14 佈之官：正式在國家公開宣佈。
15 息：通「熄」。息其端：在開始時就把它撲熄。

譯文

假定這裏有個人，堅決不進入危險地區，不參軍打仗，不願拿天下的大利來換自己小腿上的一根毫毛，當代君主一定會優待他，看重他的見識，讚揚他的行為，認為是輕視財物、愛惜生命的人。君主所以把良田和寬大的住宅拿出來作為賞賜，設置官爵和俸祿，為的就是換取民眾去拚死效命；現在君主既然尊重那些輕視財物、愛惜生命的人，再想要求民眾出生入死為國事作出犧牲，就根本不可能了。收藏書冊，講究辯說，聚徒講學，從事文章學術來高談闊論進行遊說；對於這些人，當代君主一定會進而優待他。說什麼「尊敬賢士是先王的制度」。官吏們徵稅的對象是種田的人，而君主供養的卻是那些著書立說的學士。對於種田的人徵收重稅，對於學士卻給予厚賞，這樣，再想督責民眾努力耕作而少說空話，是根本不可能的。講求氣節，標榜高明，堅持操守而不容侵犯，聽到怨恨自己的話，馬上拔劍而起，對於這樣的人，當代君主一定會禮遇他，以為這是愛惜自我的人。對戰場多殺敵立功的人不予獎賞，對那些逞勇報私仇的人反要使之尊貴，這樣要想求得民眾奮勇殺敵而不去私鬥，是根本不可能的。國家太平時供養儒生和俠客，危難到來時用戰士打仗。所供養的人不是所要用的人，所要用的人不是所供養的人，這就是發生禍亂的原因。再說，君主在聽取一種學說的時候，如果認為是對的，就應該正式向官府公佈，並任用宣導的人。如果認為是錯誤的，就應該驅逐他們，並制止他們的言論。現在是。認為正確的，卻不在官府予以公佈；認為錯誤的，又不從根本上加以禁止。對的不採納，錯的不禁止，這是導致國家混亂和滅亡的做法。

澹臺子羽，君子之容[1]也，仲尼幾[2]而取之，與處久而行不稱[3]其貌。宰予之辭，雅而文[4]也，仲尼幾而取之，與處久而智不充其辯。故孔子曰：「以容取人乎，失之子羽；以言取人乎，失之宰予。」故以仲尼之智而有失實之聲[5]。今之新辯[6]，濫[7]乎宰予，而世主之聽，眩[8]乎仲尼。為悅其言，因任其身，則焉得無失乎？是以魏任孟卯之辯，而有華下之患[9]；趙任馬服之辯[10]，而有長平之禍。此二者任辯之失也。夫視鍛錫而察青黃[11]，區冶[12]不能以必劍；水擊鵠雁，陸斷駒馬，則臧獲不疑[13]鈍利。發齒吻[14]，相形容，伯樂不能以必馬；授車就駕，而觀其末塗[15]，則臧獲不疑駑良。觀容服，聽辭言，仲尼不能以必士。試之官職，課[16]其功伐[17]，則庸人不疑於愚智。故明主之吏，宰相必起於州部[18]，猛將必發於卒伍[19]。夫有功者必賞，則爵祿厚而愈勸。遷官襲級[20]，則官職大而愈治。夫爵祿大而官職治[21]，王之道也。

註釋

1 容：儀表。

2 幾：親近，相信。

3 不稱：不符合。

4 雅而文：即溫文爾雅。

5 聲：名。

6 新辯：當今的辯者。

7 濫：超過。

8 眩：迷惑。

9 華下之患：公元前二七三年，孟卯率魏運聯合趙軍攻韓，秦將白起來救，戰於華下，魏趙聯軍大敗，死傷十五萬。

10 馬服之辯：指馬服君趙奢的兒子趙括，他善於談論軍事，卻沒有實戰能力。

11 視鍛錫而察青黃：觀察鍛練金屬時所摻的錫和火的顏色。

12 區治：歐冶子，古代善於鑄劍的人。

13 不疑：不會弄錯。

14 發齒吻：打開馬口觀察牙齒。

15 末塗：到達終點。

16 課：考課，考察。

17 功伐：功勞。

18 州部：地方官員。

19 卒伍：行伍，即基層部隊。

20 襲級：逐級提升。

21 愈治：成效大。

譯文

澹臺子羽有著君子的儀表，孔子信以為真君子，就收他為徒，同他相處時間長了，卻發現他的品行和他的容貌很不相稱。宰予說起話來非常文雅，孔子相信他是真文雅，就收他為徒，相處時間一長，卻發現他的智力遠不及他的口才。因此孔子說：「按照容貌取人吧，在子羽身上行不通；按照言談取人吧，在宰予身上行不通。」一看來，即使孔子那樣的聰明，也還有看人失實的情況。現在流行的巧辯大大超過了宰予，而當代君主聽起話來又比孔子還要眩惑。因為喜歡他的言論，就去任用他這個人，這怎麼能不出差錯呢？因此，魏國聽信孟卯的花言巧語，結果帶來了華陽之戰的慘敗；趙國聽信趙括的紙上談兵，結果造成了長平之戰的大禍。這兩件事，都是任用能說會道的人而鑄成了大錯。如果煉銅造劍時只看所摻的錫和火色，就是歐冶子也不能斷定劍的好壞；可是用這把劍到水上砍死鵠雁，在陸上劈殺駒馬，那麼，就是奴僕也不會把劍的利鈍搞錯。如果只是打開馬口看牙齒，以及觀察外形，就是伯樂也不能判斷馬的好壞；可是讓馬套上車，看馬究竟能跑多遠，就是奴僕也不會把馬的優劣搞錯。如果只看一個人的相貌、服飾，只聽他說話議論，就是孔子也不能斷定這個人能力怎樣，可是在官職上一試驗，用辦事成效一考察，就是庸人也不會懷疑他是愚蠢還是聰明了。所以，明主手下的官吏，宰相必定是從地方官中選拔上來的，猛將一定是從基層隊伍中挑選出來的。有功勞的人必定給予獎賞，那麼俸祿越優厚他們就越受鼓勵；不斷地升官晉級，那麼，官職越高他們就越能辦事。高官厚祿，公務大治，才是稱王天下的正道。

賞析與點評

「明主之吏，宰相必起於州部，猛將必發於卒伍。」此論甚當，後世反有以門第出身決定公職者，政治軍事遂亦倒退。

磐石[1]千里，不可謂富；象人[2]百萬，不可謂強。石非不大，數非不眾也，

而不可謂富強者，磐不生粟[3]，象人不可使距[4]敵也。今商官技藝[5]之士，亦不墾而食，是地不墾，與磐石一貫也。儒俠[6]毋軍勞而顯榮者，則民不使，與象人同事也。夫知禍磐石象人，而不知禍商官儒俠為不墾之地、不使之民，不知事類[7]者也。

註釋

1 磐石：大石，指佈滿石頭的土地。
2 象人：陶俑。
3 粟：糧食。
4 距：通「拒」。
5 官商：用金錢買官的商人。技藝：手工技術出眾的工匠。
6 儒俠：儒士和俠客。
7 不知事類：不懂得據事類推。《學記》云：「九年，知類通達。」

譯文

擁有巨石千里，不能算富有；擁有俑人百萬，不能算強大。石頭不是不大，俑人數目也不是不多，但不能說是富強的原因：在巨石上不能生產糧食，而俑人不能用來抗擊敵人。現在經商謀官和憑技藝牟利的人都是不靠種田吃飯的，這樣土地得不到耕種，和巨石毫無二致。儒生和遊俠沒有軍功，卻得以顯貴和出名，那就是使不動的人，和俑人的作用一樣。現在只知道把巨石和俑人看成禍害，卻不知道經商謀官和儒生遊俠也是有地不墾、不能使用，同樣是個禍害，那就是不懂得據事類推的人了。

故敵國[1]之君王，雖說[2]吾義，吾弗入貢而臣[3]；關內之侯，雖非[4]吾行，吾必使執禽而朝[5]。是故力多則人朝，力寡則朝於人，故明君務力[6]。夫嚴家無悍虜，而慈母有敗子。吾以此知威勢[7]之可以禁暴，而德厚之不足以止亂也。

註釋

1 敵國：勢均力敵的國家。

2 說：悅。

3 吾弗入貢為臣：我不能使對方進貢稱臣。
4 非：反對。
5 執禽而朝：手執贄禽作為禮物來朝拜。
6 務力：務求發展實力。
7 威勢：威嚴和權勢。

譯文

因此，實力相近的別國君主儘管喜歡我們的仁義，我們卻並不能叫他進貢稱臣；關內侯雖然反對我們的行為，我們卻肯定能讓他拿著贄禽作禮物來朝拜。可見力量大就有人來朝拜，力量小就得去朝拜別人，所以明君務求發展實力。在嚴厲的家庭中不會有強悍不馴的奴僕，在慈母的嬌慣下卻會出敗家子。我由此得知威嚴和權勢能夠禁暴，而道德再好也不足以制止混亂。

夫聖人之治國，不恃[1]人之為吾善也，而用其不得為非也。恃人之為吾善也，境內不什數[2]；用人不得為非，一國可使齊[3]。為治者用眾而舍寡[4]，故不務德而務法。夫必恃自直之箭[5]，百世無矢；恃自圜[6]之木，千世無輪矣。自直之箭，自圜之木，百世無有一，然而世皆乘車射禽者何也？隱栝[7]之道用也。雖有不恃隱栝而有自直之箭、自圜之術，良工弗貴也。何則？乘者非一人，射者非一發也。不恃賞罰而恃自善之民[8]，明主弗貴也。何則？國法不可失，而所治非一人也。故有術之君，不隨適然[9]之善，而行必然之道。

註釋

1 不恃：不依靠。

2 不什數：不夠十個。

3 齊：整齊，一致。

4 為治者用眾：治理國家，必須採用對多數人有效的方法。舍，通「捨」。舍寡：放棄只對少數人有效的方法。

5 自直之箭：天然畢直的箭。

6 圜：通「圓」。

7 隱栝：矯正的工具。

8 自善之民：自行做好事的人。按：韓非主張性惡，故不相信人性本善或人皆有善性。

9 適然：極之偶然。

譯文

聖人治理國家，不是依賴人們自覺做善事好事的人，要的是那種人們不敢做壞事的局面。要是靠人們自覺做善事好事的人，國內找不出十幾、幾十個，要是造成人們不敢做壞事的局面，就可以使全國整齊一致。治理國家的人需要採用多數人都得遵守的措施，不能用只有少數人才能做到的辦法，因此不應該推崇德治，而應該實行法治。定要依靠自然挺直的箭杆，幾千年也造不出箭來；定要依靠自然長成的圓木，幾萬年也造不成車輪。自然長成的直杆和圓木，既然千年萬載也沒有一個，那為什麼大家還都能有車坐、還都能射箭打獵呢？因為應用了矯正木材的工具。雖然也有不經過加工就自然合用的直杆和圓木，但好工匠是不看重的。為甚麼呢？因為要坐車的不是一個人，射箭打獵也不是只發一箭。雖然也有不靠賞罰就能自覺去做好事的人，但明君是不看重的。為甚麼呢？因為國法不可喪失，而所要統治的也不是一個人。所以有辦法的君主，不重視偶然的天生善行，而推行必然的政治措施。

今或謂人曰：「使子必智而壽」，則世必以為狂[1]。夫智，性也；壽，命也。性命者，非所學於人也，而以人之所不能為[2]說人，此世之所以謂之為狂也。謂之不能，然則是諭[3]也。夫諭，性也，以仁義教人，是以智與壽說也，有度之主[4]弗受也。故善[5]毛嗇、西施之美，無益吾面，用脂澤粉黛，則倍其初[6]。言先王之仁義，無益於治，明[7]吾法度，必[8]吾賞罰者，亦國之脂澤粉黛也。故明主急其助而緩其頌[9]，故不道仁義。

註釋

1 狂：欺詐。
2 不能為：不是人力可以實現的。
3 諭：曉喻。
4 有度之主：實行法治的君主。
5 善：稱讚。
6 倍其初：比原來的加倍美麗。
7 明：彰顯。
8 必：堅決實行。

9 急其助：急切尋求有助於治國的法度和賞罰。緩其頌：不急於稱頌先聖王的教訓，所以不談仁義。

譯文

如果對別人說：「我讓你一定又聰明又長壽。」那麼，大家肯定會認為這是說謊騙人。因為一個人的智力，是先天造成的；一個人的年壽，是命中註定的。這種天性和命定的東西，不是能從別人那裏學來的。用人家不能做到的事去討好人家，所以大家才說他說謊騙人。向人家說那些無法做到的事，這便是奉承，而奉承是一種本性。用仁義教人，就跟用智力和壽命取悅別人一樣，實行法治的君主是不能接受的。光是稱讚毛嗇、西施的美麗，並不能使自己變得好看；用脂澤粉黛化妝一番，就能比原來漂亮幾倍。空談先王的仁義，對於治理國家沒有什麼好處，彰明自己國家的法度，在國內堅決實行賞罰，也就如同能使國家富強起來的脂澤粉黛。所以明君急切地追求有效的手段，而不去理睬虛妄的頌揚，所以也不講甚麼仁義道德。

今巫祝之祝人曰：「使若千秋萬歲。」千秋萬歲之聲聒耳[1]，而一日之壽無

徵[2]於人，此人所以簡[3]巫祝也。今世儒者之說人主，不言今之所以為治，而語已治之功[4]；不審[5]官法之事，不察[6]奸邪之情，而皆道上古之傳譽、先王之成功。儒者飾辭曰：「聽吾言，則可以霸王。」此說者之巫祝，有度之主不受也。故明主舉實事[7]，去無用，不道仁義之故，不聽學者之言。

註釋

1 聒耳：震耳欲聾。

2 徵：效驗。

3 簡：輕視。

4 已治之功：指堯舜等千百年前的成績。

5 審：考察。

6 察：了解。

7 舉：舉辦，推行。實事：真實可信，可以驗證的事情。古語說：實事求是。

譯文

如今的巫祝為人祈禱時總是說：「願你長生千秋，萬壽無疆！」這種千秋萬歲的聲音在耳邊喋喋不休，可是使人多活一天的應驗也沒有；這就是人們看不起巫祝的原因。現在世上的儒家遊說君主時，不談現在如何才能治理好國家，反而說一些過去治理國家取得的功績；不去考察官府法令這樣的事務，不了解姦詐邪惡的實情，卻都去稱道上古流傳的美談和先王已成就的功業。儒家侈談甚麼：「要是聽從我的主張，就可以稱王稱霸。」這就是遊說者中的巫祝，實行法治的君主是不能接受的。所以，明君辦實事，去無用，不空談什麼仁義道德，也不聽信學者的言論。

賞析與點評

「巫祝之祝人曰：使若千秋萬歲。千秋萬歲之聲聒耳，而一日之壽無徵於人。」歷史上無數人物竟然看不穿巫祝的虛妄，癡心妄想追求長生不老之術，真是可悲可笑！

今不知治者，必曰：「得民之心。」欲得民之心，而可以為治，則是伊尹、管

仲無所用也，將聽民而已矣。民智之不可用，猶嬰兒之心也。夫嬰兒不剔首[1]則腹痛，不揊痤則寖益[2]。剔首、揊痤，必一人抱之，慈母治之，然猶啼呼不止，嬰兒子不知犯[3]其所小苦致其所大利也。今上急耕田墾草，以厚民產也，而以上為酷。修刑重罰，以為禁邪也，而以上為嚴。征賦錢粟以實倉庫，且以救饑饉、備軍旅也，而以上為貪。境內必知介[4]而無私解[5]，并力疾鬥，所以禽虜[6]也，而以上為暴。此四者，所以治安也，而民不知悅也。夫求聖通之士者，為民知之不足師用。昔禹決江濬河，而民聚瓦石[7]；子產開畝樹桑，鄭人謗訾[8]。禹利天下，子產存鄭，皆以受謗，夫民智之不足用亦明矣[9]。故舉士而求賢智，為政而期適民，皆亂之端，未可與為治也。

註釋

1 剔首：剃頭。

2 揊痤：割開濃瘡。寖益：逐漸嚴重。

3 犯：遭受。

4 介：鎧甲，指武裝。

5 私解：私下逃避兵役的。

6 禽：通「擒」。禽虜：擒捕俘虜。

7 民聚瓦石：民眾堆積瓦石阻擋大禹治理洪水。

8 謗訾：惡意咒罵。

9 按：此二例是認為「民可以樂成，不可以慮始。」

譯文

現在，不懂得治理國家的人一定會說：「要得民心。」如果得民心就可以治理好國家，那麼伊尹、管仲就沒有用處了，只要聽任民眾就一了百了。民眾的認識就像嬰兒的心智一樣，是不能信從的。嬰兒不剃頭就會肚痛，不剖瘡，疾病就逐漸加重，而要給嬰兒剃頭和剖瘡，必須由一個人抱著，由慈母給他處理。即使這樣他還會哭喊不止，因為嬰兒並不知道給他吃點小苦會帶來大的好處。如今君主加緊督促開荒種田，為的是增加民眾的收入，卻被認為太殘酷；制定刑法，加重懲罰，為的是禁止姦邪，卻被認為太嚴厲；徵收錢糧的賦稅，為的是把它們用於救濟災荒、供養軍隊，卻被認為太貪婪；使國內民眾必須知道披甲上陣，而不准私自免除兵役，為的是征服敵人，卻被認為太兇狠。上述四項措施，本是為了治國安民，可是民眾卻不歡迎。君主所以要尋求聖明通達的人，就是因為民眾的認識是不能信從和作為標準。當初大禹疏通江河，而民眾卻用瓦石去填塞；子產提倡開荒種桑，而鄭國民眾卻要責罵。大禹使天下人獲得利益，子產使鄭國得以保全，但都受到人們的誹謗，可見民眾的認識顯然是靠不住的。所以選拔人才時希圖得到賢人智士，治理國家時指望順應民眾心理，都是造成混亂的根源，是不可能用來治理好國家的。

三　智者哀歌篇

第三部分包括〈和氏〉、〈孤憤〉、〈説難〉、〈存韓〉、〈難言〉等五篇，反映韓非一生的憤慨和悲劇，並指出一般的「智法之士」的坎軻際遇。由於韓非是戰國時期諸子之中罕有的出身於統治階層的思想家，他的獨特經歷自然也對其政治觀點產生巨大的作用。通過以上五篇論文，可以讓讀者更準確了解韓非獨特的政見和人生觀的根源。

和氏

本篇導讀——

本篇原為第十三篇，題為〈和氏〉。本篇故事以楚國人卞和發現寶玉展開。由於二位楚王派遣的工匠審視此「玉璞」，都認為是沒有價值的石頭，便以詐騙罪斫了和氏雙腿。五十年後，楚文王繼位，和氏抱璞玉哭於荊山之下，「淚盡而繼之以血」，終於引起朝廷的注意，最後楚文王派玉工剖開玉璞，製作了千古聞名的「和氏璧」。通過這個寓言故事，韓非抒發了自己的悲憤，指出法術之士為國獻身，往往受到權貴的打壓和無情的誅戮。他更高度評價吳起、商鞅的變法，並對其遭受「肢解」、「車裂」給予無限的同情。

楚人和氏得玉璞[1]楚山中，奉而獻之厲王[2]。厲王使玉人相[3]之。玉人曰：

而刖其左足。及厲王薨，武王[6]即位。和又奉其璞而獻之武王。武王使玉人相之。又曰：「石也。」王又以和為誑，而刖其右足。武王薨，文王[7]即位，和乃抱其璞而哭於楚山之下，三日三夜，淚盡而繼之以血。王聞之，使人問其故，曰：「天下之刖者多矣，子奚哭之悲也？」和曰：「吾非悲刖也，悲夫寶玉而題[8]之以石，貞士[9]而名之以誑，此吾所以悲也。」王乃使玉人理其璞，而得寶焉，遂命曰：「和氏之璧[10]。」

註釋

1 玉璞：玉質石頭。
2 厲王：楚王熊眴，公元前 758-741 年在位。
3 相：鑒定。
4 誑：騙子。
5 刖：音月，古代一種斫掉一腿的酷刑。
6 武王：楚王熊徹，公元前 740-690 年在位。
7 文王：楚王熊貲，公元前 689-675 年在位。
8 題：被稱為。

9 貞士：忠貞之士。

10 和氏之璧：寶玉以和氏名命。按：此璧後來輾轉為趙國所有，並演化出「完璧歸趙」的歷史故事。

譯文

楚人卞和在荊山中得到一塊玉璞，捧著進獻給楚厲王。楚厲王讓玉匠鑒定。玉匠說：「是石頭。」厲王認為卞和是行騙，就砍掉了他的左腳。到楚厲王死，楚武王繼位。卞和又捧著那塊玉璞去獻給武王。楚武王讓玉匠鑒定，玉匠又說：「是石頭。」楚武王也認為卞和是行騙，就砍掉了他的右腳。五十年後，楚武王死，楚文王即位。卞和就抱著那塊玉璞在荊山下哭，哭了三天三夜，眼淚干了，跟著流出的是血。文王聽說後，派人去了解他哭的原因，問道：「天下受斷足之刑的人多了，你為什麼哭得這麼悲傷？」卞和說：「我不是悲傷腳被砍掉，而是悲傷把寶玉稱作石頭，把忠貞的人稱作騙子，這才是我悲傷的原因。」文王就讓玉匠剖開這塊玉璞，終於得到了寶玉，於是命名為「和氏璧」。

夫珠玉，人主之所急[1]也。和雖獻璞而未美，未為主之害也，然猶兩足斬而寶乃論[2]，論寶若此其難也！今人主之於法術也，未必和璧之急也；而禁群臣士民之私邪[3]，然則有道者[4]之不戮也，特帝王之璞[5]未獻耳。主用術，則大臣不得擅斷，近習[6]不敢賣重[7]；官行法，則浮萌[8]趨於耕農，而遊士[9]危於戰陳[10]。則法術者，乃群臣士民之所禍也。人主非能倍[11]大臣之議，越民萌之誹[12]，獨周乎道言[13]也，則法術之士，雖至死亡，道必不論[14]矣。

註釋

1 急：迫切需求。
2 論：估量，指確認它的重要價值。
3 私邪：姦邪。
4 有道者：指法術之士。
5 帝王之璞：促成帝王之業的法術。
6 近習：左右親信侍從。
7 賣重：賣弄權勢。
8 浮萌：遊民。

9 遊士：遊說之士。
10 陳：通「陣」。
11 倍：假借為「背」。
12 誹：誹謗。
13 周乎道言：合於法術之士的主張。
14 不論：不被確認。

譯文

珍珠寶玉是君主急需的，即使卞和獻的玉璞不夠完美，也並不構成對君主的損害，但還是在雙腳被砍後寶玉才得以論定，鑒定寶玉就是如此的困難。如今君主對於法術，未必像對和氏璧那樣急切，還要用來禁止群臣百姓的自私邪惡行為，既然這樣，那麼法術之士還沒被殺戮的原因，只是促成帝王之業的法寶還沒進獻罷了。君主運用法術，大臣就不能擅權獨斷，左右近侍就不敢賣弄權勢；官府執行法令，遊民就得從事農耕，遊說之士就得冒著危險去當兵打仗；那麼法術就被群臣百姓看成是禍害了。君主如果不能違背大臣的議論，擺脱黎民百姓的誹謗，靜靜地採納法術之言，那麼法術之士即使到死，他們的學說也一定不會被認可。

賞析與點評

「和雖獻璞而未美，未為王之害也，然猶斬兩足而寶乃論，論寶若此其難也！」韓非以這個故事寓意法術之士持「帝王之璞」而缺乏明君的賞識，必然遭遇慘痛打擊。因此，韓非的性惡觀其實與其人生經歷有關。除年幼時因口吃外，學成後「見韓之削弱，數上書諫韓王，韓王不能用。」故發憤著術，寫下不朽名著。然而，由於一生充滿挫折與失望，故具有「慘礉[1]少恩」的性格缺陷。

昔者吳起[1]教楚悼王[2]以楚國之俗，曰：「大臣太重，封君太眾，若此則上偪[3]主而下虐民，此貧國弱兵之道也。不如使封君[4]之子孫，三世而收爵祿，裁減百吏之祿秩，損不急之枝官[5]，以奉選練[6]之士。」悼王行之期年[7]而薨，吳起枝解[8]於楚。商君教秦孝公以連什伍[9]，設告坐[10]之過，燔詩書[11]而明法令，塞私門[12]之請，而遂公家之勞，禁遊宦之民，而顯耕戰之士。孝公行之，主以尊安，國以富強。十八年而薨，商君車裂[13]於秦。楚不用吳起而削亂，秦行商君法

1 慘礉：裴駰《史記集解》說：用法慘急而鞫礉深刻。鞫指極端的手段，礉指難看的事物，鞫礉指以牙還牙。

而富強，二子之言也已當矣，然而枝解吳起而車裂商君者，何也？大臣苦法而細民惡治也。

註釋

1 吳起：在公元前 387 年自魏奔楚，不久被楚悼王任命為令尹，主持楚國變法，前後約六年。

2 楚悼王：楚王熊疑，公元前 401-381 年在位。

3 偪：威脅。

4 封君：獲得封邑的楚國貴族。

5 枝：通「支」，枝官，冗官。

6 選練：精心挑選和訓練。

7 期年：一年。按：吳起在楚國變法共約六年，此處指一年，疑是極喻其變法的短促，屬文學上的一種修辭技巧。

8 枝：通「肢」。枝解：斫殺。按：據記載，吳起在楚悼王的靈堂上被叛亂者射死，可能是死後被肢解，故有此傳說。

9 什伍：秦國基層管理單位，五家為伍，十家為什，互相監察。

10 告坐：告發和連坐。

11 燔：通「焚」。按：商鞅已提出「燔書」的愚民政策。

12 塞：禁止。私門：權貴之家。

13 車裂：古代一種酷刑，俗稱「五馬分屍」。

譯文

從前吳起向楚悼王指出楚國的風氣說：「大臣的權勢太重，分封的貴族太多。像這樣下去，他們就會上逼主而下虐民，這是造成國貧兵弱。不如使分封貴族的子孫到第三代時君主就收回爵祿，取消或減少百官的俸祿，裁減多餘的官吏，來供養經過選拔和訓練的士兵。」楚悼王施行此法一年就死了，吳起在楚遭到肢解。商君教秦孝公建立什伍組織，設置告密連坐的制度，燔燒詩書，彰明法令，堵塞私人的請托而進用對國家有功的人，約束靠遊說做官的人而使農民士兵顯貴起來。孝公實行這些主張，君主因此尊貴安穩，國家因此富庶強大。十八年後秦孝公死了，商鞅在秦受到車裂。楚國不用吳起變法而削弱混亂，秦國推行商鞅變法而富庶強大。二人的主張十分正確，但是肢解吳起，車裂商鞅，又為甚麼呢？為的是大臣苦於法令而小民憎恨法治。

當今之世，大臣貪重[1]，細民安亂，甚於秦、楚之俗，而人主無悼王、孝公之聽[2]，則法術之士安能蒙[3]二子之危也，而明[4]己之法術哉！此世所以亂無霸王也。

註釋

1 貪重：貪戀權勢。

2 聽：能聽取對國家有長遠利益的意見。

3 蒙：蒙受，冒犯。

4 明：申明。

譯文

當今之世，大臣貪權，小民安於動亂，比秦、楚的壞風氣還要嚴重，而君主又沒有楚悼王、秦孝公那樣的判斷力，那麼法術之士又怎能冒犯吳起、商鞅的危險來闡明自己的法術主張呢？這就是社會混亂而沒有出現統一天下的霸主的原因。

孤憤

本篇導讀——

本篇原為第十一篇，題為〈孤憤〉。司馬遷說：「韓非疾治國不務修明其法制……悲廉直不容於枉邪之臣……故作《孤憤》……《說難》十餘萬言。」〈孤憤〉是指韓非個人的孤獨和憤慨。韓非認為一個出色的法術之士，與「當塗之人」是勢不兩立的。「當塗之人」奪取君主的信任，所以法術之士經常受到無情的打壓。然而，君主的利益其實與「當塗之人」相反，他們專權蔽主、內外勾結，蠶食國家的資源。韓非強烈期望君主認清他們的真面目，要求君主能夠「燭私」和「矯姦」，以維護自身的權勢地位。

智術之士，必遠見而明察，不明察，不能燭私[1]；能法之士，必強毅而勁

直，不勁直，不能矯姦[2]。人臣循令而從事，案法而治官，非謂重人[3]也。重人也者，無令而擅為[4]，虧法以利私，耗國以便家，力能得其君，此所為重人也。智術之士明察，聽用，且燭重人之陰情；能法之士，勁直，[5]聽用，且矯重人之姦行。故智術、能法之士用，則貴重之臣必在繩之外[6]矣。是智法之士與當塗之人，不可兩存之仇[7]也。

註釋

1 燭私：照見隱私。

2 矯姦：矯正姦邪。

3 重人：以權謀私的權貴。

4 擅為：獨斷獨行。

5 勁直：剛強正直。

6 繩之外：法律準則之外，即不法行為。

7 不可兩存之仇：勢不兩立的仇敵。

譯文

通曉統治策略的人，必然識見高遠並明察秋毫；不明察秋毫，就不能發現隱私。能夠推行法治的人，必須堅決果斷並剛強正直；不剛強正直，就不能矯正邪惡。臣子遵循法令辦理公事，按照法律履行職責，不叫「重臣」。所謂重臣，就是無視法令而獨斷專行，破壞法律來為私家牟利，損害國家來便利自身，勢力能夠控制君主，這才叫做重臣。懂得統治策略的人明察秋毫，他們的主張若被採納，自身若被任用，將會洞察重臣的陰謀詭計；能夠推行法治的人剛強正直，他們的主張若被採納，自身若被任用，將會矯正重臣的邪惡行為。因此，懂得策略和善用法治的人若被任用，那麼位尊權重的重臣必定為法律所不容。這樣說來，懂法依法的人與當權的重臣，是不可並存的仇敵。

賞析與點評

「智法之士與當塗之人，不可兩存之仇也。」根據韓非分析，即使國家屢遭災難，當塗之人也總會從中獲取私利，而法術之士，總是為國家的救弊起衰竭盡所能。誰對君主有利本來是昭然若揭的。不幸的，是人主總都是才質平庸的，選擇總都是錯誤百出的，豈能不讓愛國心切、才華洋溢的韓非肝腸寸斷。

當塗之人擅事要[1]，則外內為之用矣。是以諸侯不因[2]，則事不應，故敵國為之訟[3]。百官不因，則業[4]不進，故群臣為之用。郎中[5]不因，則不得近主，故左右為之匿[6]。學士不因，則養祿薄禮卑，故學士為之談[7]也。此四助者，邪臣之所以自飾也。重人不能忠主而進其仇，人主不能越四助而燭察其臣，故人主愈蔽而大臣愈重。

註釋

1 擅事要：獨攬重要的政事。
2 因：依附。
3 訟：通「頌」，說好語，稱頌。
4 業：事業，地位。
5 郎中：通「廊」，廟廊，朝廷。郎中：即朝廷上。

6 匿：隱瞞。

7 談：延譽。

譯文

當權的重臣獨攬大權，那麼外交和內政就要被他利用了。正因如此，列國諸侯不依靠他，事情就得不到照應，所以實力相當的國家會給他說好話。各級官吏不依靠他，成績就得不到上報，所以各種官吏會為他出力；君主的侍從官員不依靠他，就不能接近君主，所以他們為他隱瞞罪行；學士不依靠他，就會俸祿薄而待遇低，所以學士為他吹捧。這四種幫兇是奸邪之臣用來掩飾自己的基礎。重臣不能忠於君主而推薦自己的政敵，君主不能越過四種幫兇來洞察他的臣下，所以君主越來越受蒙蔽，而重臣的權勢越來越大。

凡當塗者之於人主也，希[1]不信愛也，又且習故。若夫即[2]主心，同乎好惡，固其所自進也。官爵貴重，朋黨又眾，而一國為之訟。則法術之士，欲干[3]上者，非有所信愛之親，習故之澤[4]也，又將以法術之言，矯[5]人主阿辟之心[6]，是與人主相反也。處勢卑賤，無黨孤特[7]。夫以疏遠與近愛信爭，其數不勝也。以新旅與習故爭，其數[8]不勝也。以反[9]主意與同好惡爭，其數不勝也。以輕賤與貴重爭，其數不勝也。以一口與一國爭，其數不勝也。法術之士，操五不勝之勢，以歲數[10]而又不得見。當塗之人，乘五勝之資，而旦暮獨說於前。故法術之士奚道[11]得進，而人主奚時得悟乎？故資必不勝而勢不兩存。法術之士焉得不危？其可以罪過誣[12]者，以公法[13]而誅之。其不可被以罪過者，以私劍[14]而窮之。是明法術而逆主上者，不僇於吏誅，必死於私劍矣。朋黨比周[15]以弊主，言曲[16]以使私[17]者，必信於重人矣。故其可以攻伐借者，以官爵貴之。其不可藉以美名者，以外權重之[18]。是以弊主上而趨於私門者，不顯於官爵，必重於外權矣。今人主不合參驗[19]而行誅，不待見功而爵祿，故法術之士，安能蒙死亡而進其說？奸邪之臣安肯乘利而退其身？故主上愈卑，私門益尊。夫越[20]雖國富兵強，中國之主皆知無益於己也，曰：「非吾所得制[21]也。」今有國者雖地廣人眾，然而人主壅蔽，大臣專權，是國為越也。智不類越，而不智不類其國，不察其類者也。人之所以謂齊亡[22]者，非地與城亡也，呂氏弗制，而田氏用之。所以謂晉亡[23]者，亦非地與城亡也，姬氏不制，而六卿專之也。今大臣執柄獨斷，而上弗知收，是人主不明也。與死人同病者，不可生也；與亡國同事者，不可存也。今襲跡[24]於齊、晉，欲國安存[25]，不可得也。

註釋

1 希：通「稀」。

2 即：靠近，迎合。

3 干：求。

4 澤：恩澤。

5 矯：矯正。

6 辟：通「僻」；阿辟之心：偏愛、邪僻之心。

7 孤特：孤立無援，即下文「疏遠」。

8 數：常理。

9 反：違反。

10 歲數：以年來計算。

11 奚：何由，何從。道：途徑。奚道，有那條路徑？

12 誣：誣陷。

13 公法：國法。按：韓非後來便是這樣被李斯誣陷而死。

14 私劍：刺殺。

15 比周：串通。

16 曲言：花言巧語，歪曲事實。

17 使私：便利私家。

18 以外權重之：以外交職權重用。

19 不合參驗：不作驗證。

20 越：越國，戰國初年南方新興國家。

21 制：制御，控制。按：因為越國偏處南方，遠離中原。中原強國認為既使控制了富庶的越國，也沒有實際利益。

22 齊亡：指呂氏的控制權失掉，被田氏完全掌握了。

23 晉亡：指晉國的六卿擅權，完全架空了晉君。

24 襲跡：走上同一命運，即重蹈覆轍。

25 安存：安然存在。

譯文

當權大臣很少不被君主信任和寵愛的，他們彼此又親昵和熟悉。至於迎合君主的心理，投合君主的好惡，本來就是重臣得以進升的途徑。他們官職大，爵位高，黨羽又多，全國都為他們唱讚歌。而法術之士想要求得君主重用，既沒有受到信任和寵愛的親近關係，也沒有親昵和熟悉的交情，還要用法術言論矯正君主的偏邪之心，這自然與君主心意相反的。法術之士所處地位低下，沒有同黨，孤立無援。拿關係疏遠的和關係親近、受到寵信的相爭，在常理上不能取勝；拿新客和故舊相爭，在常理上不能取勝；拿違背君主心意和投合君主好惡相爭，在常理上不能取勝；拿地位低賤的和位尊權重的相爭，在常理上不能取勝；拿一個人和一國人相爭，在常理上不能取勝。法術之士處在「五不勝」的情形下，按年計算也不能晉見君主；當權重臣憑藉「五勝」的條件，又日夜單獨向君主進言。因此，法術之人由甚麼門路得到任用，而君主到甚麼時候才能醒悟呢？因此，憑藉必定不能取勝的條件，又與重臣勢不兩立，法術之士怎會不危險？重臣對那些可用罪狀誣陷的，就用國家法律來誅殺；對那些不能強加罪名的，就用刺客來暗殺。這樣說來，精通法術而想接近君主的人，不為官吏所誅殺，必定死在刺客手裏了。而結黨拉派串通一氣來蒙蔽君主、花言巧語歪曲事實來便利私家的人，一定會受到重臣的信任。所以對那些可用功勞做藉口的，就封官賜爵使他們顯貴；對那些不可用好名聲做藉口的，就用外交職權重用他們。因此，蒙蔽君主而投奔權貴門下的，不在官爵級別上顯赫，必在外交職權上重用了。現在君主不驗證核查就實行誅戮，不等待建立功勞就授予爵祿，因此法術之士怎能冒死去陳述自己的主張？姦邪之臣又怎肯當著有利時機而自動引退？所以君主地位就越來越惡劣，重臣權勢就越來越龐大。越國雖然國富兵強，中原各國的君主都知道對自己沒有什麼好處。說：「不是我們所能控制的。」現在統治國家的君主雖然地廣人眾，然而君主閉塞，大臣專權，這樣一來，國家也就變得和越國一樣。知道自己的國家與越國不同，卻不知道現在連自己的國家也變了樣，這是不明察事物的類似性。人們之所以說齊國亡了，並不是指土地和城池喪失了，而是指呂氏不能控制它而為田氏所佔有。之所以說晉國亡了，也不是指土地和城池喪失了，而是指姬氏不能控制它而為六卿所把持。現在大臣掌權獨斷專行，而君主不知收回，這是君主不明智。和死人症狀相同的，無法救藥；和亡國行事相同的，無法久存。現在因襲著齊、晉覆亡的老路，想要國家安然存在，是不可能的。

凡法術之難行也，不獨萬乘[1]，千乘[2]亦然。人主之左右，不必智也，人主於人有所智而聽之，因與左右論其言，是與愚人論智也。人主之左右不必賢也，人主於人有所賢而禮之，因與左右論其行，是與不肖論賢也。智者決策[3]於愚人，賢士程行[4]於不肖，則賢智之士羞，而人主之論悖矣。人臣之欲得官者，其修士[5]且以精絜固身[6]，其智士且以治辯進業[7]。其修士不能以貨賂事人，恃其精絜，而更不能以枉法為治，則修智之士，不事左右，不聽請謁矣。人主之左右，行非伯夷[8]也，求索不得，貨賂不至，則精辯之功息[9]，而毀誣[10]之言起矣。治辯之功制於近習，精絜之行決於毀譽，則修智之吏廢，則人主之明塞[11]矣。不以功伐決[12]智行，不以參伍審罪過，而聽左右近習之言，則無能之士在廷，而愚污之吏處官矣。

註釋

1 萬乘：有一萬輛戰車的大國。

2 千乘：有一千輛戰車的中型國家。

3 決策於愚人：由不肖者決定。

4 程行：衡量品德。

5 修士：品德良好的人。

6 精潔：精純廉潔。固身：使自己地位鞏固。

7 治辯：幹練。進業：晉升職位。

8 伯夷：古代一位放棄君位和權勢的聖賢。行非伯夷：指今之當權者絕不可能像伯夷的高潔品德，不貪圖私利。

9 息：熄退，指壓制。

10 毀誣：毀謗誣陷。

11 塞：蔽塞。

12 決：裁定，判斷。

譯文

法術難以推行的，不單在大國，中小國家也是這樣。君主的近臣不一定有才智。君主認為某人有才智而聽取他的意見，然後和近臣討論該人的言談，這是和愚蠢的人討論才智。君主的近臣不一定品德好，君主認為某人有美德而禮遇他，然後和近臣討論他的品行，這是和品德不好的人討論美德。智者的計謀由愚蠢的人來評判，賢者的品德由不賢的人來衡量，那麼品德好、有才智的人就會感到恥辱而君主的論斷也必然荒謬了。想謀取官職的臣子當中，那些品德好的人將用精純廉潔來約束自己，那些才智高的人將用辦好政事來推進事業。那些品德好的人不可能用財物賄賂侍奉別人，憑藉精純廉潔更不可能違法辦事，那麼品德好、才智高的人也就不會奉承君主近侍，不會理睬私下請托了。君主的近臣，品行不像伯夷那麼好，索求的東西得不到，財物賄賂不上門，那麼精明強幹者的功業就要被壓制，而誹謗誣陷的話也就出籠了。辦好政事的功業受制於君主的近侍，精純廉潔的品行取決於近侍的毀譽，那麼品德好、才智高的官吏就要被廢黜，君主的明察也就被阻塞了。不按功勞裁決人的才智和品德，不通過事實的多方驗證審處人的罪行和過錯，卻聽從左右親信的話，那麼沒有才能的人就會在朝廷中當政，愚蠢腐敗的官吏就會竊居職位了。

萬乘之患，大臣太重，千乘之患，左右太信，此人主之所公患[1]也。且人臣有大罪，人主有大失，臣主之利，與相異[2]者也。何以明之哉？曰：主利在有能而任官，臣利在無能而得事。主利在有勞而爵祿，臣利在無功而富貴。主利在豪傑使能，臣利在朋黨用私。是以國地削而私家富，主上卑而大臣重。故主失勢而臣得國[3]，主更稱蕃臣[4]，而相室剖符[5]。此人臣之所以譎[6]主便私也。故當世之重臣，主變勢[7]而得固寵者，十無二三。是其故何也？人臣之罪大也。臣有大罪者，其行欺主也，其罪當死亡也。智士者遠見而畏於死亡，必不從重人矣。賢士者修廉而羞與奸臣欺其主，必不從重臣矣。是當塗者徒屬，非愚而不知患者，必污[8]而不避奸者也。大臣挾愚污之人，上與之欺主，下與之收利，侵漁朋黨，比周相與，一口惑主敗法，以亂士民，使國家危削，主上勞辱，此大罪也。臣有大罪而主弗禁，此大失也。使其主有大失於上，臣有大罪於下，索國之不亡者，不可得也。

註釋

1 共患：共同的缺點。
2 相異：相反，指君主和大臣的利益絕不相同。
3 得國：掌握政權。
4 蕃：通「藩」。蕃臣：領有封地的藩屬。
5 相室剖符：指大臣行使君權，即君臣易位。
6 譎：欺詐。
7 主勢變：君位改變，指換上新的君主。
8 污：極之卑鄙。

譯文

大國的禍害在於大臣權勢太重，中小國家的禍害在於近臣太受寵信：這是君主的通病。再說臣下犯了大罪惡，君主有了大過失，臣下和君主的利益是相互不同的。憑甚麼這樣說呢？是君主的利益在於具有才能而任以官職，臣下的利益在於沒有才能而得到重用；君主的利益在於具有功勞而授以爵祿，臣下的利益在於沒有功勞而得到富貴；君主的利益在於豪傑效力，臣下的利益在於結黨營私。因此國土減少而私家更富，君主地位卑下而大臣權勢更重。所以君主失去權勢而大臣控制國家，君主改稱藩臣，相臣行使君權。這就是大臣欺騙君主謀取私利的情形。所以當代的重臣，在君主改變政治情勢而仍能保持寵信的，十個中還不到兩三個。這是甚麼原因呢？是這些臣下的罪行太大了。臣有大罪的，他的行為是欺騙君主的，他的罪行是當處死刑的。聰明人看得深遠，怕犯死罪，必定不會跟從重臣；品德好的人潔身自愛，恥於和姦臣共同欺騙君主，必定不會跟從重臣。這些當權者的門徒黨羽，不是愚蠢而不知禍害的人，必是腐敗而不避姦邪的人。大臣挾持愚蠢腐敗的人，對上和他們一起欺騙君主，對下和他們一起掠奪財物，結幫拉派，串通一氣，惑亂君主敗壞法制，以此擾亂百姓，使國家危殆受侵、君主憂勞受辱，這是大罪行。臣下有了大罪而君主卻不禁止，這是大過失。假如君主在上面有大過失，臣子在下面有大罪行，要求得國家不滅亡，是不可能的。

賞析與點評

此理韓子甚明，說之亦精，其後入秦見英明之君矣，所遇李斯亦同學法術之士矣，然下場如此，亦可哀可歎之至！

說難

本篇導讀——

本篇原為第十二篇，題為〈說難〉。除了「當塗之人」蔽主專權外，君主本身亦往往因為缺乏知人之明，使法術之士難以獲得足夠的信任，以實行富國強兵的治國方略。本篇針對遊說君主的種種困難，特別是需要掌握「所說之心，可以吾說當之。」君主的內心其實是深不可測。因此，遊說者必須擅於揣摩其心理狀態，並總結歷史經驗和教訓。其中，遊說者必須掌握好不同的方法，如揣摩迎合、縱橫捭合、辯才無礙、巧舌如簧、裝聾扮啞、諂媚奉承、順水推舟等，以切合君主的心理和要求，以奪取君主的信任。

凡說[1]之難，非吾知之有以說之之難也，又非吾辯之能明吾意之難也，又非

吾敢橫失[2]而能盡之難也。凡說之難：在知所說之心[3]，可以吾說當[4]之。所說出於為名高者也，而說之以厚利，則見下節[5]而遇卑賤，必棄遠矣。所說出於厚利者也，而說之以名高，則見無心而遠事情，必不收矣。所說陰為厚利而顯為名高者也，而說之以名高，則陽收[6]其身而實疏之；說之以厚利，則陰用其言顯棄其身矣。此不可不察也。

註釋

1 說：音「稅」，遊說。
2 失：通「佚」。橫失：任意辯說，無所顧忌。
3 心：心理。
4 當：適應。
5 下節：志節低下。
6 陽收：表面上採納。

譯文

大凡進說的困難：不是難在我的才智能夠用來向君主進說，也不是難在我的口才能夠闡明我的意見，也不是難在我敢毫無顧忌地把看法全部表達出來。大凡進説的困難：在於了解進説對象的心理，以便用我的説法適應他。進説對象想要追求美名的，卻用厚利去説服他，就會顯得節操低下而得到卑賤待遇，必然受到拋棄和疏遠。進説對象想要追求厚利的，卻用美名去説服他，就會顯得沒有心計而又脱離實際，必定不會被接受和錄用。進説對象暗地追求厚利而表面追求美名的，用美名向他進説，他就會表面上錄用而實際上疏遠進説者；用厚利向他進説，他就會暗地採納進説者的主張而表面疏遠進説者。這是不能不明察的。

夫事以密成，語以泄敗[1]。未必其身泄之也，而語及所匿之事，如此者身危。彼顯有所出事[2]，而乃以成他故[3]，説者不徒知所出而已矣，又知其所以為，如此者身危。規[4]異事[5]而當知者，揣[6]之外而得之，事泄於外，必以為己也，如此者身危。周澤未渥[7]也，而語極知[8]，説行而有功則見忌；説不行而有敗則見疑，如此者身危。貴人有過端[9]，而説者明言禮義以挑[10]其惡，如此者身危。貴人或得計[11]，而欲自以為功，説者與知焉，如此者身危。強[12]以其所不能為，止以其所不能已，如此者身危。故與之論大人[13]，則以為間己矣；與之論細人[14]，則以為賁重[15]。論其所愛，則以為借資；論其所憎，則以為嘗己也。，徑省其說，則以為不智而拙之；米鹽博辯[16]，則以為多而交之。略事陳意，則曰怯懦[17]而不盡；慮事廣肆[18]，則曰草野而倨侮[19]。此說之難，不可不知也。

註釋

1 泄敗：因泄露內情而招致失敗。
2 出事：做一件事。
3 成他故：完成其他事情，即另有目的。
4 規：規劃，籌劃。
5 異事：不尋常的事情。
6 揣：揣測，猜度。
7 渥：深厚。
8 極知：極其深刻，即交淺言深。
9 過端：錯誤的行為。
10 挑：挑剔，指出。
11 得計：高超的想法。

12 強：勉強。

13 大人：社稷重臣。

14 細人：近侍小臣。

15 重：君主進退黜陟的權力。賣重：即損害君主的權力。

16 米鹽：指事情細碎。博辯：事事爭辯不休。

17 怯懦：畏怯懦弱。

18 廣肆：廣泛地來侈談。

19 草野：粗野。倨侮：傲慢。

譯文

事情因保密而成功，談話因泄露而失敗。未必進說者本人泄露了機密，而是談話中觸及到君主心中隱匿的事，如此就會身遭危險。君主表面上做這件事，心裏卻想藉此辦成別的事，進說者不但知道君主所做的事，而且知道他要這樣做的意圖，如此就會身遭危險。進說者籌畫一件不平常的事情並且符合君主心意，聰明人從外部跡象上把這事猜測出來了，事情泄露出來，君主一定認為是進說者泄露的，如此就會身遭危險。君主恩澤未厚，進說者談論卻盡其所知，如果主張得以實行並獲得成功，功德就會被君主忘記；主張行不通而遭到失敗，就會被君主懷疑，如此就會身遭危險。君主有過錯，進說者倡言禮義來挑他的毛病，如此就會身遭危險。君主有時計謀得當而想自以為功，進說者同樣知道此計，如此就會身遭危險。勉強君主去做他不能做的事，強迫君主停止他不願意停止的事，如此就會身遭危險。所以進說者如果和君主議論大臣，就被認為是想離間君臣關係；和君主談論近侍小臣，就被認為是想賣弄身價。談論君主喜愛的人，就被認為是拉關係；談論君主憎惡的人，就被認為是搞試探。說話直截了當，就被認為是不聰明而笨拙；談話瑣碎，事事爭辯不停，就被認為太囉嗦而討厭說得太駁雜。簡略陳述意見，就被認為是怯懦而不敢盡言；謀事空泛放任，就被認為是粗野而傲慢。這些進說的困難，是不能不知道的。

賞析與點評

「凡說之難：在知所說之心，可以吾說當之。」此全篇主旨，亦言之雖審，行之維艱也。

凡說之務[1]，在知飾所說之所矜而滅其所恥[2]。彼有私急[3]也，必以公義示而強[4]之。其意有下也，然而不能已，說者因為之飾其美而少[5]其不為也。其心有高也，而實不能及，說者為之舉其過而見其惡，而多[6]其不行也。有欲矜以智能，則為之舉異事之同類[7]者，多為之地[8]，使之資說於我，而佯不知也，以資其智。欲內相存[9]之言，則必以美名明之，而微見其合於私利也。欲陳危害之事，則顯其毀誹而微見其合於私患也。譽異人與同行者，規異事與同計者。有與同污者，則必以大飾其無傷也；有與同敗者，則必以明飾其無失也。彼自多其力，則毋以其難概之[10]也；自勇其斷，則無以其謫[11]怒之；自智其計，則毋以其敗窮之[12]。大意無所拂悟[13]，辭言無所繫摩[14]，然後極騁智辯焉。此道所得親近不疑，而得盡辭也。伊尹為宰，百里奚為虜，皆所以干其上也。此二人者，皆聖人也；然猶不能無役身以進[15]，如此其污[16]也！今以吾言為宰虜，而可以聽用而振世，此非能士之所恥也。夫曠日離久[17]，而周澤既渥，深計而不疑，引[18]爭而不罪，則明割利害[19]，以致其功，直指是非，以飾[20]其身，以此相持[21]，此說之成也。

註釋

1 務：要務，關鍵。

2 飾：粉飾，修飾。矜：自誇。滅：掩蓋。
3 私急：急於要辦的私事。
4 公義：合符公益和道義。強：勉強，鼓勵。
5 少：批評。
6 多：稱讚。
7 同類：性質相近。
8 地：根據。
9 內：通「納」，建議，進獻。相存：保存君主利私。
10 概之：打擊他。
11 謫：不順利。
12 窮之：不停追究他。
13 拂悟：違逆。
14 擊摩：縛束。
15 役身以進：親服賤役，以求進用。
16 污：低下，卑賤。
17 離：通「彌」。曠日離久：消耗的時日很長久。

18 引：急。

19 明割利害：清楚地析析種種利害關係

20 飾：整飾。

21 持：輔助。

譯文

大凡進説的要領，在於懂得粉飾進説對象自誇之事而掩蓋他所自恥之事。君主有私底下的急事，進説者一定要指明這合乎公義而鼓勵他去做。君主有卑下的念頭，但是不能克制，進説者就應把它粉飾成美好的而抱怨他不去幹。君主有過高的企求，而實際不能達到，進説者就為他舉出此事的缺點並揭示它的壞處，而稱讚他不去做。君主想自誇智能，進説者就替他舉出別的事情中的同類情況，多給他提供根據，使他從我處借用説法，而我卻假裝不知道，這樣來幫助他自誇才智。進説者想向君主進獻保存其私利的話，就必須用好的名義闡明它，並暗示它合乎君主私利。進説者想要陳述有危害的事，就明言此事會遭到的譭謗，並暗示它對君主也有害處。進説者稱讚另一個與君主行為相同的人，規劃另一件與君主考慮相同的事，有和君主污行相同的，就必須對它大加粉飾，説它沒有害處；有和君主敗跡相同的，就必須對它明言掩飾，說他沒有過失。君主自誇力量強大時，就不要用他為難的事去壓抑他；君主自以為決斷勇敢時，就不要用他的過失去激怒他；君主自以為計謀高明時，就不要用他的敗績去困窘他。進說的主旨沒有什麼違逆，言辭沒有什麼抵觸，然後就可以充分施展自己的智慧和辯才了。由這條途徑得到的，是君主親近不疑而又能暢所欲言。伊尹做過廚師，百里奚做過奴隸，都是為了求得君主重用。這兩個人都是聖人，但還是不能不通過做低賤的事來求得進用，他們的卑下一至於此！假如把我的話看成像廚師和奴隸所講的一樣，而可以採納來救世，這就不是智慧之士感到恥辱的了。經過很長的時間，君主的恩澤已厚，進說者深入謀劃不再被懷疑，據理力爭不再會獲罪，就可以明確剖析利害來成就君主的功業，直接指明是非來端正君主的言行，能這樣相互對待，是進說成功了。

賞析與點評

韓非入秦而不避李斯，並攻姚賈，卒為二人所害，何也？

昔者鄭武公欲伐胡[1]，故先以其女妻[2]胡君以娛[3]其意。因問於群臣：「吾欲用兵，誰可伐者？」大夫關其思[4]對曰：「胡可伐。」武公怒而戮之，曰：「胡，兄弟之國也。子言伐之，何也？」胡君聞之，以鄭為親己，遂不備鄭。鄭人襲[5]胡，取之。宋有富人，天雨牆壞。其子曰：「不築，必將有盜。」其鄰人之父亦云。暮而果大亡其財[6]。其家甚智其子，而疑鄰人之父。此二人說者皆當矣，厚者為戮，薄者見疑，則非知之難也，處知則難也。故繞朝之言[7]當矣，其為聖人於晉，而為戮[8]於秦也，此不可不察。

註釋

1 胡：胡國。

2 妻：音砌，嫁給。

3 娛：通「愚」，愚弄，混淆。

4 關其思：鄭國大夫。

5 襲：偷襲。

6 大亡其財：大量財寶被竊。

7 繞朝：秦國大夫。繞朝之言：繞朝識破了晉國的詭計。當年晉國大夫士會逃難到秦國，受到穆公重用。晉國派壽餘假裝叛變於秦，邀士會渡河接洽。士會臨行，繞朝諫阻，穆公不聽，他便贈送聚鞭給士會，暗示知道士會將會離開秦國，並說：「無謂秦無人，吾謀適不用也。」

8 戮：通「辱」，屈辱。

譯文

從前鄭武公想討伐胡國，故意先把自己的女兒嫁給胡國君主來使他混淆。然後問群臣：「我想用兵，哪個國家可以討伐？」大夫關其思回答說：「胡國可以討伐。」武公發怒而殺了他，說：「胡國是兄弟國家，你說討伐它，是何道理？」胡國君主聽說了，認為鄭國和自己友好，於是不再防備鄭國。鄭國偷襲了胡國，攻佔了它。宋國有個富人，下雨把牆淋塌了，他兒子說：「不修的話，必將有盜賊來偷。」鄰居的老人也這麼說。到了晚上，果然有大量財物被竊。這家富人認為兒子很聰明，卻對鄰居老人起了疑心。關其思和這位老人的話都恰當，而重的被殺，輕的被懷疑；那麼，不是了解情況有困難，而是處理所了解的情況很困難。因此，繞朝的話本是對的，但他在晉國被看成聖人，在秦國卻遭屈辱，這是不可不注意的。

昔者彌子瑕[1]有寵於衛君。衛國之法：竊駕君車者刖。彌子瑕母病，人間往夜告彌子，彌子矯[2]駕君車以出。君聞而賢之，曰：「孝哉！為母之故，忘其犯刖罪。」異日，與君遊於果園，食桃而甘，不盡，以其半啖[3]君。君曰：「愛我哉！亡其口味以啖寡人。」及彌子色衰愛弛[4]，得罪於君，君曰：「是固嘗矯駕吾車，又嘗啖我以餘桃。」故彌子之行未變於初也，而以前之所以見賢而後獲罪者，愛憎之變也。故有愛於主，則智當而加親[5]；有憎於主，則智不當而加疏[6]。故諫說談論之士，不可不察愛憎之主[7]而後說焉。夫龍之為蟲[8]也，柔可狎而騎[9]也；然其喉下有逆鱗徑尺[10]，若人有嬰之者，則必殺人。人主亦有逆鱗，說者能無嬰[11]人主之逆鱗，則幾[12]矣。

註釋

1 彌子瑕：衛靈公的男寵。
2 矯：矯詔，假託。
3 啖：吃。
4 色衰：姿色。愛弛：寵愛減退。
5 加親：愈加親近。

6 加疏：愈加疏遠。

7 愛憎之主：性格多變、喜怒不定的君主。按：「愛憎之主」不同於「主之愛憎」，據文中二例，應指喜怒易變的君主。

8 蟲：類似蟲的動物。

9 柔可狎而騎：馴服的時候可以親近而騎在龍身上面。

10 逆鱗：逆生的鱗甲。逕尺：直徑一尺。

11 嬰：通「攖」，觸碰，觸犯。

12 幾：近，指接近成功。

譯文

從前彌子瑕曾受到衛靈公的寵信。衛國法令規定，私自駕馭國君車子的，論罪要處以刖刑。彌子瑕母親病了，有人私底下連夜通知彌子瑕，彌子瑕假託君命駕馭君車而出。衛君聽說後，卻認為他德行好，說：「真孝順啊！為了母親的緣故，忘了自己會犯刖刑。」另一天，他和衛君在果園遊覽，吃桃子覺得甜，沒有吃完，就把剩下的半個給衛君吃。衛君說：「多麼愛我啊！不顧自己口味來給我吃。」等到彌子瑕色衰愛弛時，得罪了衛君，衛君說：「這人本來就曾假託君命私自駕馭我的車子，又曾經把吃剩的桃子給我吃。」所以，雖然彌子瑕的行為和當初並沒兩樣，但先前稱賢、後來獲罪的原因，是衛君的愛憎有了變化。所以被君主寵愛時，才智就顯得恰當而更受親近；被君主憎惡時，才智就顯得不恰當，遭到譴責而更被疏遠。所以諫說談論的人不可不察看君主愛憎的變化，然後進說。龍作為一種動物，馴服時可以戲弄著騎它；但它喉下有一尺來長逆生的鱗，假使有人觸碰它的話，就一定會被龍殺掉。君主也有逆鱗，進說者能不觸碰君主的逆鱗，就差不多了。

賞析與點評

以人君為龍，而不敢犯，此絕對權力之所以久為害於中國也！

存韓

本篇導讀——

本篇原為第二篇，題為〈存韓〉。分析此篇，必須對《韓非子》首篇〈初見秦〉稍加討論。〈初見秦〉中有「亡韓」之議，如是韓非的作品，則將被判斷為出賣國家利益的罪人。關於這個問題，錢穆、徐文珊、周勛初等學者認為是韓非所作。然而，《戰國策》亦收錄了此文，認為作者是張儀。有學者指出此篇所指的是秦昭王，其中內容部分或晚於張儀的時代，故認為可能是范睢、蔡澤或呂不韋之作。呂思勉、陳啟天、梁啟雄則直接表明本篇作者並不是韓非，筆者深有同感。正如本書引言稱，《韓非子》並不是韓非親自編訂的，故其內容欠缺系統性和一致性。以本篇〈存韓〉為例，除前半收錄了韓非上書秦王嬴政外，也包括了秦王交付廷議和李斯〈上韓王書〉的記錄。因此，據邵增樺的估計，〈初見秦〉和〈存韓〉二篇都是秦室的存檔，編者未加審究，就一併編入本書。事實上，從〈初見秦〉末段所述，明確敍述此文的主調，是為秦王出謀畫策，以打破當時的山東六國的合從政策。由此而言，〈初入秦〉所反映的與韓非入秦的背景截然不同，其不屬韓非的作品極之明顯，實不容置疑。

〈存韓〉既是韓非入秦時給秦王的上書，而《史記》也清楚記錄其入秦的背景。司馬遷說：「人或傳其書至秦，秦王見《孤憤》《五蠹》之書，曰：嗟乎！寡人得見此人，與之遊，死不恨矣！李斯曰：此韓非之所著書也。秦因急攻韓。韓王始不用非，及急，乃遣非使秦。」由此可見，韓非入秦的目的是保存韓國，故在本篇中，韓非指出韓國多年來已是秦國的附庸，「出則為扞蔽，入則為蓆薦」。因此，秦國攻滅韓國的計謀，不但是錯誤，而且必將遭遇挫敗，是十分不智的。韓非指出秦如攻韓，必將加強以趙國為中心的合從政策。他提醒秦王「兵者，凶器也，不可不審用也……一動而弱於諸侯，危事也。」對秦國而言，韓非認為存韓才最符合秦國的長遠利益。

韓事[1]秦三十餘年，出則為扞蔽[2]，入則為蓆薦[3]。秦特出[4]銳師，取地而韓隨之，怨懸於天下，功歸於強秦。且夫韓入貢職[5]，與郡縣無異也。今日臣竊聞貴臣之計，舉兵將伐韓。夫趙氏聚士卒，養從徒，欲贅[6]天下之兵，明秦不弱，則諸侯必滅宗廟，欲西面行其意，非一日之計也。今釋趙之患，而攘內臣[7]之

韓，則天下明趙氏之計矣。

註釋

1 事：事奉，作為附庸。
2 扞蔽：障蔽，屏障。
3 菅蒯：草菅，指作為僕役。
4 出：派遣。
5 職貢：作為附庸，進貢盡職。
6 贅：會聚，聚合。
7 內臣：附庸。

譯文

韓國侍奉秦國三十多年了，出門就像常用的袖套和車帷，進屋就像常坐的席子和墊子。秦國只要派出精兵攻取別國，韓國總是追隨它，怨恨結于諸侯，利益歸於強秦。而且韓國進貢盡職，與秦國的郡縣沒有不同。如今我聽說陛下貴臣的計謀，將要發兵伐韓。趙國聚集士兵，收養主張合縱的人，準備聯合各國軍隊，說明不削弱秦國則諸侯必定滅亡，打算西向攻秦來實現它的意圖，這已不是一朝一夕的計劃了。如今丟下趙國這個禍患，而要除掉像內臣一般的韓國，那麼各國就明白趙國計謀不錯的了。

夫韓，小國也，而以應天下四擊，主辱臣苦，上下相與同憂久矣。修守備，戒強敵，有蓄積，築城池以守固。今伐韓未可一年而滅。拔一城而退，則權輕於天下，天下摧我兵矣。韓叛則魏應之，趙據齊以為厚，如此，則以韓、魏資趙假齊[1]以固其從，而以與爭強。趙之福而秦之禍也。夫進而擊趙不能取，退而攻韓弗能拔，則陷銳之卒勤於野戰，負任[2]之旅罷於內攻[3]，則合群苦弱以敵二萬乘[4]，非所以亡韓之心也。均如貴臣之計，則秦必為天下兵質矣。陛下雖以金石相弊[5]，則兼天下之日未[6]也。

註釋

1 資趙假齊：憑藉趙、齊兩國的軍力。

2 負任：轉輸糧食。

3 罷：通「疲」。攻：當作「供」。內供：內部的補給。

4 按：指秦國糾合許多苦弱的兵與趙、齊兩個強國作戰。

5 按：指秦王的壽命即使如金石般長久。

6 兼：兼併，統一。未：不會到來。

譯文

韓是小國，而要對付四面八方的攻擊，君主受辱、臣子受苦，上下相互同憂共患很久了。修築防禦工事，警戒強大敵人，積極儲備物資，築城牆，挖城河以便固守。今若伐韓，不能一年就滅國。如果只攻克一城便要退兵，力量就被各國看輕，各國就將打垮秦軍。韓國背叛，魏就會回應配合，趙靠齊作後盾，如果這樣，就是用韓、魏助趙，趙再借齊來鞏固合縱，從而與秦爭強，這是趙國的福氣，秦國的禍害。進而擊趙不能取勝，退而擊韓不能攻克，那麼衝鋒陷陣的士兵疲於野戰，運輸隊伍疲於轉輸糧食，那就是集合困苦疲勞的軍隊來對付趙、齊兩個大國，這是不合乎滅韓的本意。如今完全依照貴臣的計策行事，那秦國必定成為各國的攻擊目標了。陛下即使同金石般的長壽，那兼併天下的日子也不會到來的。

賞析與點評

「夫韓，小國也，而以應天下四擊，主辱臣苦，上下相與同憂久矣。」說明戰國晚年韓國岌岌可危的形勢。韓非身當其中，數次上書諫韓王自救之術，終不見用。其心急如焚的情態，可想而知。讀古人書當懷著同情的理解，方能看見事情的底蘊，以免有搔不著癢處的遺憾。

今賤臣[1]之愚計：使人使荊，重幣[2]用事之臣，明趙之所以欺秦者；與魏質以安其心，從韓而伐趙，趙雖與齊為一，不足患也。二國事畢[3]，則韓可以移書[4]定也。是我一舉二國有亡形，則荊、魏又必自服矣。故曰：「兵者，凶器也。」不可不審用也。以秦與趙敵衡[5]，加以齊，今又背韓，而未有以堅[6]荊、魏之心。夫一戰而不勝，則禍搆[7]矣。計者，所以定事也，不可不察也。趙、秦強弱，在今年耳。且趙與諸侯陰謀久矣。夫一動而弱於諸侯，危事也；為計而使諸侯有意伐[8]之心，至殆也。見二疏[9]，非所以強於諸侯也。臣竊願陛下之幸熟圖之！攻伐而使從者閒[10]焉，不可悔也。

註釋

1 賤臣：韓非自稱。

2 重幣：多送貨財。

3 二國事畢：指消滅了趙、齊兩國。

4 移書：傳送一紙文書。

5 敵衡：抗衡。

6 堅：堅定其臣服於秦國。

7 搆：結集，會合。

8 意伐：疑慮被攻擊。

9 二疏：兩個拙劣的計劃。

10 從：合從。閒：通「間」，挑撥離間。

譯文

如今我的計策是：派人出使楚國，厚賂執政大臣，宣揚趙國欺騙秦國的情況，給魏國送去人質使其心安，率韓伐趙。即使趙與齊聯合，也是不值得擔憂的。攻打趙、齊的事完了後，韓國發一道文書就可以平定的。這樣，秦一舉而兩國成滅亡之勢，而楚、魏也一定自動順服了。所以說「武器是兇險的東西」，是不可不慎用的。拿秦和趙抗衡，加上齊國為敵，今又排斥韓國，而沒有用來堅定楚、魏聯秦之心的措施，這一仗如果打不勝，就會搆成大禍了。計謀是用來決定事情的，是不能不深察的。究竟趙、秦誰強誰弱，不出今年就分明了。再說趙國和其他諸侯暗地謀劃好久了。一次行動就示弱於諸侯，是危險的事；定計而使諸侯起心算計秦國，是最大的危險。出現兩種漏洞，不是打擊諸侯的好辦法。我希望陛下周密考慮這種情形！攻伐韓國而使合縱者鑽了空子，即使後悔也來不及了。

附[1]：詔以韓客之所上書，書言韓之未可舉，下臣斯。甚以為不然。……非之來也，未必不以其能存韓也為重於韓也。辯說屬辭，飾非詐謀，以釣利於秦，而以韓利窺陛下。……願陛下幸察愚臣之計，無忽。

註釋

1 按：這是關於秦王將韓非上書交付廷議的片段，可讓讀者了解當時的情況。

譯文

詔令把韓非的上書——書中說韓國不可攻取——下達給臣子李斯，臣子李斯認為他的說法非常不對。……韓非的到來，未必不是想用他能存韓來求得韓的重用。巧語連篇，掩飾真意，計謀欺詐，來從秦國撈取好處，用韓國利益窺探陛下……希望陛下仔細考慮我的計謀，不要忽視。

難言

本篇導讀——

本篇原為第三篇，題目是〈難言〉，主要陳述向君主進言的困難。本篇寫作時代有二說，一是在韓國時的上書韓王之作，一是入秦時呈送秦王之作。根據本文內容與旁證，筆者傾向第二說，並認為是〈存韓〉篇的後續作品。推想韓非入秦，秦王嬴政接見交談後，韓非因口吃而察覺秦王微感不快，故面見後再上此篇。韓非認為進說並不難，但對進說者而言，不同君主有不同的喜惡愛憎，因此，如不符合其要求，則進說自然難以成功。事實上，言事者因為有所求於君主，必然動輒得咎，加上君主多屬平庸，故逆耳之言也很難獲得君主接受。全篇只有兩段，首段「歷敍所以難言之狀十二事」，次段「歷舉因言取禍」的十九例以為證明。最後，韓非提出進說者「不幸而遇悖亂暗惑之主……雖聖賢不能逃死亡、避戮辱」，願秦王對此仔細考慮。

據史載，韓非進見的總體結果是「秦王悦之」，所以引起李斯加害之心，在其〈上秦王書〉中，攻擊「非之來也，未必不以其能存韓也……臣視非之言，其淫說靡辯，才甚。臣恐陛下淫非之辯，而聽其盜心，因不詳察事情。」其後，李斯竟建議秦王「以過法誅之」，並「遺藥令早自殺。」非遂死於雲陽獄中。李斯所謂「淫說靡辭」，可能便是專指〈存韓〉和〈難言〉這二篇文字。

臣非非難言也，所以難言者：言順比滑澤[1]，洋洋纚纚[2]然，則見以為華而不實；敦厚恭祗[3]，鯁固[4]慎完，則見以為拙而不倫；多言繁稱，連類比物，則見以為虛而無用；總微說約，徑省而不飾，則見以為劌[5]而不辯；激急親近，探知人情，則見以為譖[6]為不讓；閎大廣博，妙遠不測，則見以為夸[7]而無用；家計小談，以具數[8]言，則見以為陋；言而近世，辭不悖逆，則見以為貪生而諛上；言而遠俗，詭躁人間，則見以為誕；捷敏辯給，繁於文采，則見以為史[9]；殊釋[10]文學，以質信言，則見以為鄙；時稱詩書，道法往古，則見以為誦[11]。此臣非之所以難言而重患[12]也。

註釋

1 順比滑澤：和順圓滑。

2 洋洋：盛大貌。纚纚：有條理。

3 祗：敬。

4 鯁固：鯁直堅牢。

5 劌：音昧，暗昧。

6 譖：中傷。

7 夸：浮誇。

8 具數：逐一細數。

9 史：質勝於文。

10 殊釋：棄絕。

11 誦：掉書袋。

12 重患：深以為憂。

譯文

外臣韓非不是認為進言本身困難，只是難於進言的情況很多：言辭和順流暢，洋洋灑灑，就被認為是華而不實；恭敬誠懇，耿直周全，就被認為是笨拙而不成條理；廣徵博引，類推旁比，就被認為是空而無用；義微言約，直率簡略而不加修飾，就被認為是出口傷人而不善辯說；激烈明快而無所顧忌，觸及他人隱情，就被認為是中傷別人而不夠謙讓；宏大廣博，高深莫測，就被認為是浮誇無用；談論日常小事，瑣碎陳說，就被認為是淺薄；言辭切近世俗，遵循常規，就被認為是貪生而奉承君主；言辭異於世俗，就被認為是荒唐；口才敏捷，富於文采，就被認為是不質樸；棄絕文獻，誠樸陳說，就被認為是粗俗；動輒援引《詩》《書》，稱道效法古代，就被認為是死記硬背。這些就是我難於進言並深感憂慮的原因。

故度量[1]雖正，未必聽也；義理雖全，未必用也。大王若以此不信，而小者以為毀訾誹謗，大者患禍災害死亡及其身。故子胥[2]善謀而吳戮之，仲尼善說而匡圍之，管夷吾實賢而魯囚之。故此三大夫豈不賢哉？而三君不明也。上古有湯，至聖也；伊尹，至智也。夫至智說至聖，然且七十說而不受，身執鼎俎[3]為包宰，昵近習親，而湯乃[4]僅知其賢而用之。故曰：以至智說至聖，未必至而見受，伊尹說湯是也；以智說愚必不聽，文王說紂是也。故文王說紂而紂囚之；翼侯炙；鬼侯臘[5]，比干剖心；梅伯醢[6]；夷吾束縛；而曹羈[7]奔陳；伯里子[8]道乞；傅說轉鬻[9]；孫子[10]臏腳於魏；吳起收泣於岸門，痛西河之為秦，卒枝解於楚；公叔痤言國器[11]反為悖，公孫鞅奔秦；關龍逢斬；萇弘[12]分胣；尹子穽於棘[13]；司馬子期[14]死而浮於江；田明辜射[15]；宓子賤、西門豹不鬥而死人手；董安于[16]死而陳於市；宰予不免於田常；范睢摺脅於魏。此十數人者，皆世之仁賢忠良有道術之士也，不幸而遇悖亂闇惑之主而死。然則雖賢聖不能逃死亡、避戮辱者何也？則愚者難說也，故君子難言也。且至言忤[17]於耳而倒於心，非賢聖莫能聽，願大王熟察之也。

註釋

1 度量：準則、法則。
2 子胥：伍子胥。
3 俎：切肉用的砧板。鼎俎：指廚房用具。
4 乃：才。
5 臘：干肉。
6 醢：肉醬，一種酷刑。

7 曹羈：可能是曹國世子。

8 伯里子：百里奚。

9 轉鬻：被轉賣。

10 孫子：孫臏。

11 國器：國之棟樑，指商鞅。

12 萇弘：春秋末的周大夫。分胣：裂腹剖腸，一種酷刑。

13 尹子：或謂即尹文公固，周朝世卿。穽於棘：埋屍於荊棘叢中，是古代一種酷刑。

14 司馬子期：楚大夫，白公勝作亂時被殺。

15 田明：田光。辜射：俞樾說即「辜磔」，古時分屍示眾的一種酷刑。

16 董安于：趙鞅家臣，在智伯的壓力下被迫自殺。

17 忤：音五，逆耳之言。

譯文

所以法則雖然正確，未必被聽取；道理雖然完美，未必被採用。大王若認為這些話不可信，輕則看成是說毀誹謗，重則使進言者遭到災禍、死亡。所以伍子胥善於謀劃而吳王殺了他，孔子善於遊說而匡人圍攻他，管仲確實賢能而魯國囚禁他。這三個大夫難道不賢嗎？但三處的君主不明智。上古有商湯，極其聖明；有伊尹，極其聰明。極其聰明的去進說極其聖明的，這樣尚且連續多次進說不被採納，最後還要親自拿著炊具做廚師，親近熟悉後，湯才知道他賢並重用了他。所以說：用最聰明的進說最聖明的，未必一到就被接受，伊尹說湯就是這種情況；用聰明的去進說愚蠢的必定不被接受，周文王進說殷紂就是這種情況。所以文王進說紂而紂囚禁了他；翼侯被烤死；鬼侯被做成肉干；比干被剖心；梅伯被剁成肉醬；管仲被捆綁；曹羈逃奔陳國；伯里奚沿路乞討；傅說被轉賣；孫臏在魏遭受臏刑；吳起在岸門拭淚，痛心西河將成為秦地，最後在楚國被肢解；公叔痤推薦國之棟樑才反被認作糊塗，公孫鞅於是出奔到秦；關龍逢被斬；萇弘被剖腹；尹子陷入牢獄；司馬子期死後屍首浮在江上；田明被分屍；宓子賤、西門豹不鬥而被人殺害；董安于死後被陳屍市中；宰予不能逃避田常政變；范雎在魏被打斷肋骨。這十幾個人，都是仁義、賢能、忠良而有本領的人，不幸遇到荒謬昏庸的君主而死去。那麼即使賢聖也不能逃避死亡和刑辱，為什麼呢？就是昏君難以勸諫，所以君子難以進言。況且合情合理的話總是逆耳衝撞的，除非賢聖沒人能聽進去。希望大王仔細考慮。

賞析與點評

韓非例舉十九例證，指出即使是聖賢之士，也常遭遇庸主而受到殺害。因此，優秀的領袖必須有知人之明，「言忤於耳而倒於心，非賢聖莫能聽」，真是千古不變的真理。以後來楚漢相爭為例，相比於項羽，劉邦出身低微，性格粗鄙，卻能成就大業，靠的就是這個大本領。

參考書目

[清]錢曾《影鈔宋本韓非子》，國家圖書館出版社，2018。
[清]嘉慶二十三年吳鼒刻《韓非子》，浙江大學出版社，2018。
[清]王先慎《韓非子集解》，中華書局，2016。
[日]太田方《韓非子翼毳》，中西書局，2014。
梁啟雄《韓子淺解》，中華書局，2009。
陳啟天《增訂韓非子校釋》，台灣商務印書館，1979。
邵增樺《韓非子今註今譯》，台灣商務印書館，1986。
周勛初修訂《韓非子校注》[修訂本]，鳳凰出版社，2009。
周勛初《韓非子札記》，江蘇人民出版社，1980。
陳奇猷《韓非子新校注》，上海古籍出版社，2012。

張覺《韓非子校疏》，上海古籍出版社，2010。
張覺等撰《韓非子譯注》，上海古籍出版社，2011。
王寧《評析本白話韓非子》，北京廣播學院出版社，1993。
李傳書《白話韓非子》，岳麓書社，1994。
陳明、王清《韓非子全譯》，巴蜀書社，2008。
俞志慧《韓非子直解》，浙江文藝出版社，2000。
高華平、王齊洲、張三夕譯注《韓非子》，中華書局，2017。
周鍾靈《韓非子的邏輯》，人民出版社，1958。
任繼愈《韓非》，上海人民出版社，1964。
謝飛雲《韓非子析論》，東大圖書公司，1980。
孫實明《韓非思想新探》，湖北人民出版社，1990。
鄭良樹《韓非之著術及思想》，台灣學生書局，1993。
張素貞《韓非子難篇研究》，台灣學生書局，1997。
楊義《韓非子還原》，中華書局，2011。
王宏斌《中國帝王術：〈韓非子與中國文化〉》，河南大學出版社，1995。
施覺懷《韓非評傳》，南京大學出版社，2009。

宇野精一主編，林茂松譯《中國思想（三）：墨家、法家、邏輯》，幼獅文化事業公司，1987。
馬世年《「韓非子」的成書及其文學研究》，上海古籍出版社，2011
李文《「韓非子」對稱結構句法研究》，江蘇大學出版社，2018。
林劍鳴《秦史稿》，上海人民出版社，1981。
楊寬《戰國史》，上海人民出版社，1998。
蕭公權《中國政治思想史》，中國文化大版出版部，1980。
李尚師《先秦三晉兩個輝煌時期暨治國思想》，中國文聯出版社，2008。
劉澤華《中國政治思想通史．先秦卷》，中國人民大學出版社，2014。

名句索引

一至二畫

一棲兩雄，其鬥𡁏𡁏，豺狼在牢，其羊不繁。一家二貴，事乃無功。 〇六一
人不食，十日則死；大寒之隆，不衣亦死。謂之衣食孰急於人，則是不可一無也，皆養生之具也。 〇八八
人之於讓也，輕辭古之天子，難去今之縣令者，薄厚之實異也。 二〇二
人主之左右，行非伯夷也，求索不得，貨賂不至，則精辯之功息，而毀誣之言起矣。 二九四
人主之患，在莫之應，故曰，一手獨拍，雖疾無聲。人臣之憂，在不得一，故曰：右手畫圓，左手畫方，不能兩成。 一一六～一一七
人主之道，靜退以為寶。 〇四一

人主處制人之勢，有一國之厚，重賞嚴誅，得操其柄，以修明術之所燭，雖有田常、子罕之臣，不敢欺也，奚待於不欺之士？　二二五

人主雖賢，不能獨計，而人臣有不敢忠主，則國為亡國矣，此謂國無臣。　○七三

人臣之於其君，非有骨肉之親也，縛於勢而不得不事也。故為人臣者，窺覘其君心也，無須臾之休，而人主怠傲處其上，此世所以有劫君殺主也。　一五五

三畫

丈夫年五十而好色未解也，婦人年三十而美色衰矣。以衰美之婦人事好色之丈夫，則身見疏賤，而子疑不為後，此后妃夫人之所以冀其君之死者也。　一五六

上古競於道德，中世逐於智謀，當今爭於氣力。　二○七

凡說之難：在知所說之心，可以吾說當之。　三○一

凡賞罰之必者，勸禁也。賞厚，則所欲之得也疾；罰重，則所惡之禁也急。　一八五～一八六

千鈞得船則浮，錙銖失船則沉，非千鈞輕錙銖重也，有勢之與無勢也。　一一六

士無幸賞，無逾行，殺必當，罪不赦，則姦邪無所容其私。　一五七

大不可量，深不可測，同合形名，審驗法式，擅為者誅，國乃無賊。是故人主有五壅：臣閉其主曰壅，臣制財利曰壅，臣擅行令曰壅，臣得行義曰壅，臣得樹人曰壅。　○三八

大臣太重，封君太眾，若此則上偪主而下虐民，此貧國弱兵之道也。
不如使封君之子孫，三世而收爵祿，裁減百吏之祿秩，
損不急之枝官，以奉選練之士。　二八〇
與死人同病者，不可生也；與亡國同事者，不可存也。
今襲跡於齊、晉，欲國安存，不可得也。　二八九～二九〇

四畫

中者，上不及堯、舜，而下亦不為桀、紂。抱法處勢，則治，背法去勢，則亂。　一〇九
今人有五子不為多，子又有五子，大父未死而有二十五孫。是以人民眾而貨財寡，
事力勞而供養薄，故民爭，雖倍賞累罰而不免於亂。　二〇一
今欲以先王之政，治當世之民，皆守株之類也。　一九八
今境內之民皆言治，藏商、管之法者家有之，而國愈貧；言耕者眾，
執耒者寡也；境內皆言兵，藏孫、吳之書者家有之，而兵愈弱。　二二八
天下有信數三：一曰、智有所不能立；
二曰、力有所不能舉；三曰、彊有所不能勝。　〇六六
太山不立好惡，故能成其高；江海不擇小助，故能成其富。　〇三一

孔子曰：「以容取人乎，失之子羽；以言取人乎，失之宰予。 二五七

木之折也必通蠹，牆之壞也必通隙。然木雖蠹，無疾風不折；牆雖隙，無大雨不壞。萬乘之主，有能服術行法，以為亡徵之君風雨者，其兼天下不難矣。 一三五

王良愛馬，越王勾踐愛人，為戰與馳。 一五七

世之顯學，儒、墨也。儒之所至，孔丘也。墨之所至，墨翟也。孔子、墨子俱道堯、舜，而取捨不同，皆自謂真堯、舜，堯、舜不復生，將誰使定儒、墨之誠乎？ 二四六

以為不可陷之盾，與無不陷之矛，為名不可兩立也。 一〇六

以賞者賞，以刑者刑，因其所為，各以自成。善惡必及，孰敢不信？規矩既設，三隅乃列。 〇五四

五畫

古之人目短於自見，故以鏡觀面，智短於自知，故以道正己。故鏡無見疵之罪，道無明過之惡。 〇六四

古今異俗，新故異備。如欲以寬緩之政，治急世之民，猶無轡策而御馬，此不知之患也。 二〇九～二一〇

必恃自直之箭，百世無矢；恃自圜之木，千世無輪矣。 二六四

六畫

因道全法，君子樂而大姦止。澹然閒靜，因天命，持大體。故使人無離法之罪，魚無失水之禍。 〇二九
有功則君有其賢，有過則臣任其罪，故君不窮於名。 〇三四
有術之君，不隨適然之善，而行必然之道。 二六四

七畫

「兵者，凶器也。」不可不審用也。 三二〇
利莫長於簡，福莫久於安。 〇二六
君無見其所欲，君見其所欲，臣自將雕琢；君無見其意，君見其意，臣將自表異。去好去惡，臣乃見素；去舊去智，臣乃自備。……
去智而有明，去賢而有功，去勇而有強。群臣守職，百官有常，因能而使之，是謂習常。 〇三四
明君無為於上，群臣竦懼乎下。 〇三四
君無術則弊於上，臣無法則亂於下，此不可一無，皆帝王之具也。 〇八八
巫祝之祝人曰：「使若千秋萬歲。」千秋萬歲之聲聒耳，而一日之壽無徵於人，此人所以簡巫祝也。 二六七～二六八

良馬固車，五十里而一置，使中手御之，追速致遠，可以及也，而千里可日致也，何必待古之王良乎？　一一一
言忤於耳而倒於心，非賢聖莫能聽。　三二八

八至九畫

事以密成，語以泄敗。　三〇二
事在四方，要在中央。聖人執要，四方來效。　〇四五
使雞司夜，令狸執鼠，皆用其能，上乃無事。　〇四六
《周書》曰：「毋為虎傅翼。飛入邑，擇人而食之。」　一〇二
明王治國之政，使其商工遊食之民少，而名卑以寡，趣本務而減末作。　二四〇
明主不窮烏獲，以其不能自舉；不困離朱，以其不能自見。因可勢，求易道，故用力寡而功名立。　〇六六
明主之治國也，眾其守而重其罪，使民以法禁而不以廉止。　一八三
明主之治國也，適其時事以致財物，論其稅賦以均貧富，厚其爵祿以盡賢能，重其刑罰以禁姦邪，使民以力得富，以事致貴，以過受罪，以功致賞，而不念慈惠之賜，此帝王之政也。　一九二

明主之國，無書簡之文，以法為教；無先王之語，以吏為師；無私劍之捍，以斬首為勇。　二二八
明主立可為之賞，設可避之罰。　一四三
明君之所以立功成名者四：一曰天時，二曰人心，三曰技能，四曰勢位。　一一四
厚賞者，非獨賞功也，又勸一國。　一八六
受賞者甘利，未賞者慕業，是報一人之功而勸境內之眾也。　一八六
為政猶沐也，雖有棄髮，必為之。　一七九
禹決江濬河，而民聚瓦石；子產開畝樹桑，鄭人謗訾。禹利天下，子產存鄭，皆以受謗，夫民智之不足用亦明矣。　二七〇
重一姦之罪而止境內之邪，此所以為治也。　一八六

十畫及以上

珠玉，人主之所急也。和雖獻璞而未美，未為主之害也，然猶兩足斬而寶乃論，論寶若此其難也！　二七八
商君教秦孝公以連什伍，設告坐之過，燔詩書而明法令，塞私門之請，而遂公家之勞，禁遊宦之民，而顯耕戰之士。　二八〇

術者，因任而授官，循名而責實，操殺生之柄，課群臣之能者也。法者，憲令著於官府，刑罰必於民心，賞存乎慎法，而罰加乎姦令者也。
○八八

堯為匹夫，不能治三人，而桀為天子，能亂天下，吾以此知勢位之足恃，而賢智之不足慕也。
○九八

智法之士與當塗之人，不可兩存之仇也。
二八五

智術之士，必遠見而明察，不明察，不能燭私；能法之士，必強毅而勁直，不勁直，不能矯姦。
二八四～二八五

虛靜無為，道之情也；參伍比物，事之形也。參之以比物，伍之以合虛。根幹不革，則動泄不失矣。
○五四

貴夫人，愛孺子，便僻好色，此人主之所惑也。托於燕處之虞，乘醉飽之時，而求其所欲，此必聽之術也。
一六二

群臣陳其言，君以其言授其事，事以責其功。功當其事，事當其言，則賞；功不當其事，事不當其言，則誅。……故明君之行賞也，曖乎如時雨，百姓利其澤；其行罰也，畏乎如雷霆，神聖不能解也。
○四一～○四二

聖人之治也，審於法禁，法禁明著則官治；必於賞罰，賞罰不阿則民用。
一八一

聖人之治國，不恃人之為吾善也，而用其不得為非也。 二六三
聖人執一以靜，使名自命，令事自定。 〇四八
道者，弘大而無形；德者，核理而普至。道不同於萬物，德不同於陰陽，
衡不同於輕重，繩不同於出入，和不同於燥濕，君不同於群臣。
凡此六者，道之出也。道無雙，故曰一。 〇五一
道者，萬物之始，是非之紀也。 〇三四
種類不壽，主數即世，嬰兒為君，大臣專制，
樹羈旅以為黨，數割地以待交者，可亡也。 一二二
與死人同病者，不可生也；與亡國同事者，不可存也。 二八九
蒼頡之作書也，自環者謂之私，背私謂之公，公私之相背也，乃蒼頡固以知之矣。 二二一
鄙諺曰：「長袖善舞，多錢善賈。」此言多資之易為工也。 二三六
賞莫如厚而信，使民利之；罰莫如重而必，使民畏之；法莫如一而固，使民知之。 二一四
儒以文亂法，俠以武犯禁，而人主兼禮之，此所以亂也。 二一九
龍之為蟲也，柔可狎而騎也；然其喉下有逆鱗徑尺，若人有嬰之者，則必殺人。
人主亦有逆鱗，說者能無嬰人主之逆鱗，則幾矣。 三一二

彌子之行未變於初也，而以前之所以見賢而後獲罪者，愛憎之變也。　三一二

輿人成輿，則欲人之富貴；匠人成棺，則欲人之夭死也。非輿人仁而匠人賊也，人不貴，則輿不售；人不死，則棺不買。情非憎人也，利在人之死也。　一五七

謹修所事，待命於天。毋失其要，乃為聖人。聖人之道，去智與巧。智巧不去，難以為常。　〇五〇

嚴家無悍虜，而慈母有敗子。　二六二

釋法術而心治，堯不能正一國，去規矩而妄意度，奚仲不能成一輪；廢尺寸而差短長，王爾不能半中。使中主守法術，拙匠守規矩尺寸，則萬不失矣。　一四一～一四二

釋儀的而妄發，雖中小不巧；釋法制而妄怒，雖殺戮而姦人不恐。　一五〇